Vision

一些人物，
一些視野，
一些觀點，
與一個全新的遠景！

# 本來是憤青

## 追尋內心的明日山城

李尚儒——著
陳芸英——撰文

# 一輩子一定要去一次的地方

如果這輩子只能出國一次，
有沒有一個地方是你一定要去的？
對李尚儒而言，不是日本、不是美國，
而是多年前，
第一眼看到照片就愛上的祕魯「馬丘比丘」。
然而，直到多年後一個大膽出走的決定，
他才發現這裡不只是自己的夢想，
更是命中注定的歸屬。

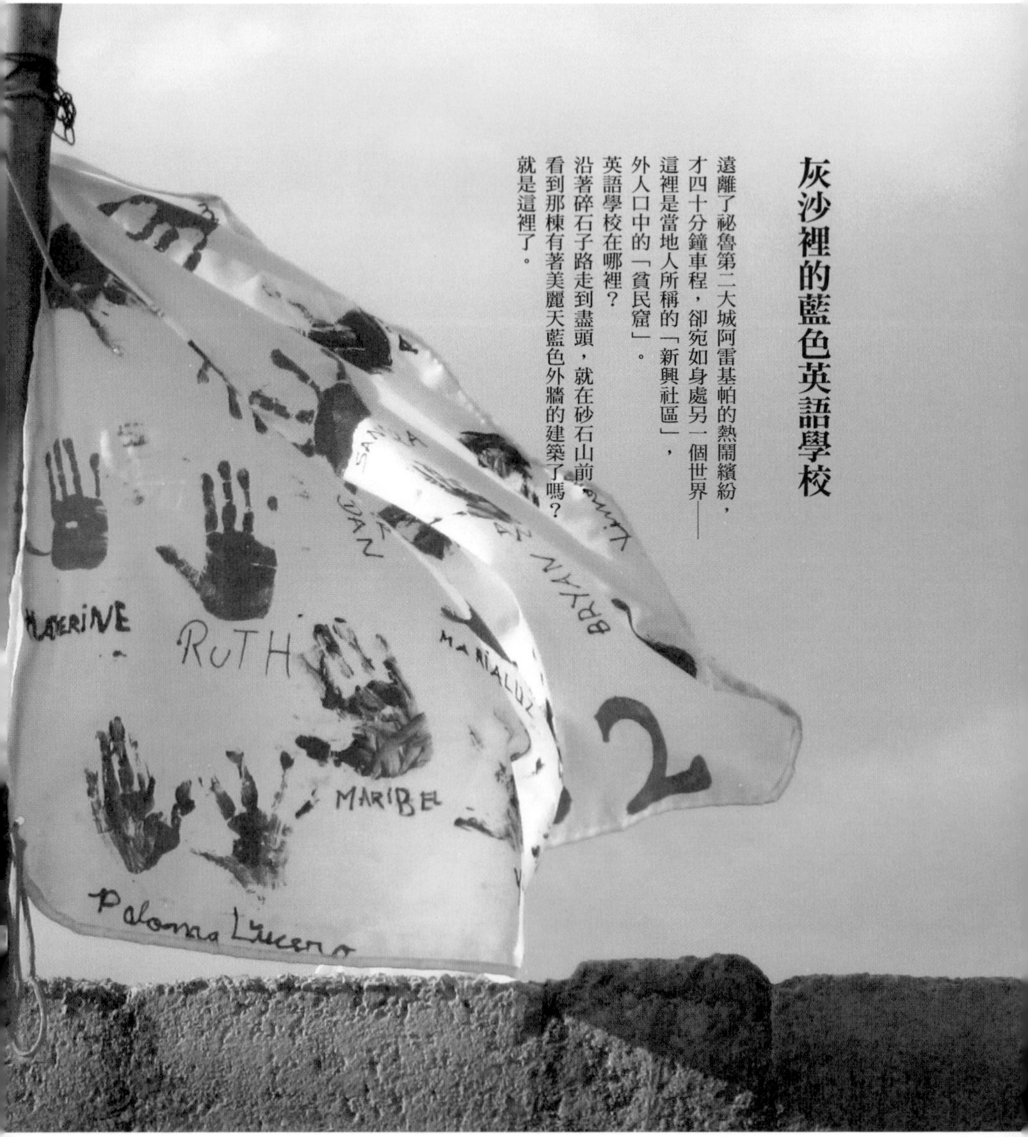


# 灰沙裡的藍色英語學校

遠離了祕魯第二大城阿雷基帕的熱鬧繽紛，
才四十分鐘車程，卻宛如身處另一個世界——
這裡是當地人所稱的「新興社區」，
外人口中的「貧民窟」。
英語學校在哪裡？
沿著碎石子路走到盡頭，就在砂石山前，
看到那棟有著美麗天藍色外牆的建築了嗎？
就是這裡了。

HOOP
HELPING OVERCOME OBSTACLE PERU

讓父母放心，孩子安心的去處

這裡的學生從四歲到十三歲都有，
只要想學英文的孩子都可以來，完全免費，
班導師就是國際志工。
當地人稱為「英語學校」，
其實更像是安親班，
每天在正規學校三點放學後，
提供小朋友一個安全的去處，
也讓心力交瘁的父母們，
可以安心地繼續為生活打拚。

## 第一次當老師就教幼幼班

從醫生變成老師，
李尚儒第一次教的是幼幼班，
這群三到五歲的小小孩，
拿到畫筆就滿足地笑了。

## 志工老師什麼都包

除了教英文，
志工老師也輔導學生寫作業，
孩子們專注的眼神，
透露出對學習的渴望。

# 終於可以好好洗手了

李尚儒身兼大小雜事一肩扛的工友。
學生沒地方洗手怎麼辦？
一堆廢棄磚塊上面放一個水槽，
「工友校長」ＤＩＹ的洗手槽，
讓學生終於有乾淨的水可以洗手了。

# 自掏腰包，設立「祕魯高校獎學金」

「英語學校的所作所為，會不會對這裡的孩子造成實質的改變？」
出於這個想法，李尚儒和志工夥伴們自掏腰包，成立獎學金，贊助學生就讀私立中學，或許，他們可以走出跟父母親不一樣的路。Percy和Elizabeth是第一屆獎學金學生。

# 搭機去為獎學金募款

為了讓獎學金能夠持續下去，
李尚儒帶著孩子們「飛」到祕魯的首都利馬，
向當地台商募款。
這也是這群十四歲的孩子們，
生平頭一次搭飛機。

# 每個月一次的家長會

學校小歸小，但是每個月都會開一次家長會。
家長沿著四面牆，
坐在小朋友平日上課的矮凳子上，
形式再簡單不過。

# 學校清潔日

學校清潔日，
師生一起動手打掃學校內外，
小小的孩子們很認真地擦地。

OOP
RCOME OBSTACLE PE

# 創立HOOP，革自己良心的命

當你驚覺自己受騙了，會怎麼辦？
李尚儒的答案是「砍掉重練」。
二〇一二年初，他和志同道合的夥伴們，
革掉了只會A錢的黑心公益組織TNT，
創立了全新的「HOOP」，
用他們青春的善良與熱血，
全心投入社區生活的改善。

# 老師，教師節快樂！

祕魯的教師節是七月六日。
其實在英語學校，不只志工是老師，
從孩子們的身上，
他們學到更多。

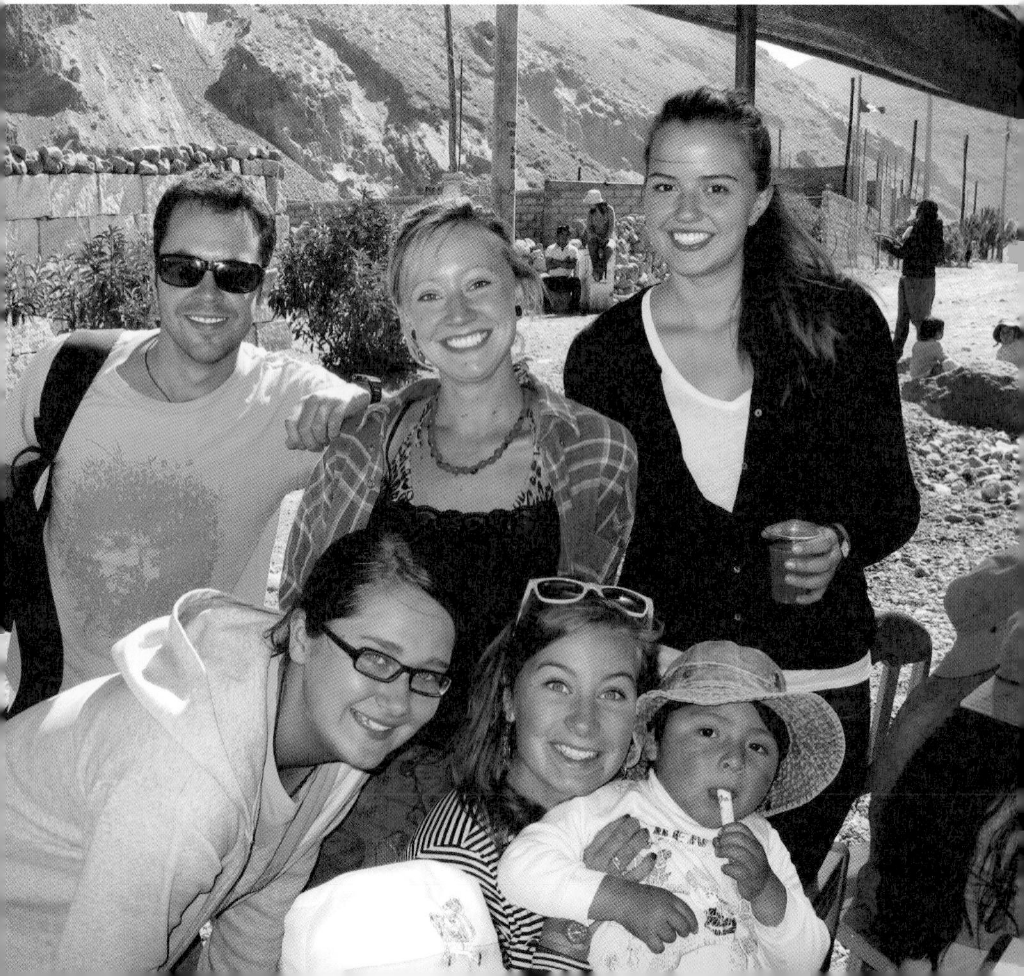

The
parents
of The students
Wish you a
Happy Teacher
Day!

## 「Team Taiwan」，有你們真好

二〇一三年，是目前為止台灣志工人數最多的一年，
煮飯、吃飯、上街、散步、出遊、工作……
幾乎都一起行動。
在李尚儒心中，
「Team Taiwan」是最棒的團隊。

# 吳乙峰導演帶來了「微光」

二〇一二年六月，
HOOP迎來了台灣的微光拍攝團隊，
記錄「Team Taiwan」在當地的工作成果。
拍攝途中，吳乙峰導演有感而發地說，
醫生是「助人」的行業，他覺得尚儒在祕魯仍在行醫，
而且把「醫生」這行業做大了。

# 歡樂聖誕派對

英語學校連續兩年都舉辦聖誕派對，在祕魯台灣商會大力贊助下，小朋友們終於拿到了屬於自己的全新禮物，而不是和兄弟姊妹共享一個娃娃或是二手玩具車。

聖誕節，是散播歡樂分享愛的美好季節。

# 你們是我留下來的最大理由

孩子是哲學的大師，
他們用一個酒窩告訴你，
沒有太多的欲望和渴求，
太陽依然從東方升起。
一聲嘻笑，一抹發亮的眼神，轉瞬的歡樂便是永恆。

# 離去，是為了再回來

李尚儒說：
「我真的跟其他人沒有什麼兩樣，
我就只是在做我想做的事情而已。」
來到這裡，讓他確立了人生方向，
暫時離開，
為了帶著更完整的自己再回來。

# GRACIAS！謝謝你！

孩子們對李尚儒說：
「Teacher Li，謝謝你！」
李尚儒卻要告訴他們：
「你們真的教會了我很多東西，
我才是那個要向各位道謝的人。」

【推薦序】

# 我什麼時候才算長大？

文◎【國際NGO組織顧問／旅行文學作家】褚士瑩

在我的眼中，李尚儒做對了一件事，也做錯了一件事（作為這本書的推薦文來說，感覺上很驚悚的起頭）。

他做錯的是，這件原本十八歲早就該做的事情，我惋惜他為何遲了十年才做。

在祕魯的山間兩年，看到來來去去來自世界各地的十八歲志工時，無論是獨當一面的，還是媽寶，相信李尚儒一定有很多的感慨，關於獨立自主這件事，十八歲就應該看到的自己，真不該拖到快三十歲才明白，更不應該讓父母「栽培」到七年醫學院畢業才想到要獨立，才決定出發去找自己。

在看這本書的同時，我希望你和我一起想這個問題：台灣年輕人究竟幾歲才算是大人？

事實是，開始把自己當作大人看的那一天，才是真正的成人式。

在我心目中，李尚儒做對的那件事情是，他憂患意識夠強，在夢想還沒有被冷藏之前，趕緊出發去看這個世界，去世界的光譜中尋找自己的位置，找到一個跟自己的人生和好的方法，去定調一個跟這個世界平起平坐的方式。這件事情，很多台灣的年輕人，想著想著逐漸變成台灣的中年人，然後想著想著就變成了台灣的老年人，明明知道重要，卻一輩子都沒有起身去做。

台灣社會的年輕人晚熟和成年人的幼稚化，是一件讓明眼人都覺得憂心忡忡的事。但更值得擔憂的，是台灣對於專業的食物鏈有一種奇特的邏輯，簡化來說大致上是這樣的：只要可以考上醫學院的人，當然要當醫生，一流人才要當握手術刀的外科醫生，醫美錢賺得多所以不用怕人家閒話，小兒科可以回鄉下開診所也不錯。當不了醫生又當不了官員，才會去當海外志工，去那個什麼非洲、南美洲，從此一輩子跟人生勝利組絕緣。

「但是那些無國界醫生，不是也是醫生嗎？」

「那是外國人，民情不一樣。」台灣的家長會嗤之以鼻地說。

至於那些因為李尚儒終於離開祕魯，走回「正途」到美國念研究所而鬆了一口氣的大人們，你們錯了。因為李尚儒當了兩年的Teacher Li以後，再也不會是你以為你知道的那個Dr. Li了。至於正確答案是什麼，已經不重要了，因為就算他還不知道自己要什麼，他的變化還沒有完成，但是李尚儒已經清楚知道自己不要什麼，光是這一點，就已經非常強大了。

這不是一場海外志工的英雄盛會，也不是一本社會企業的創業指南，只是一個年輕人訴說自己如何學會成長的故事，以及一本寫給父母參考如何學會放手的書。至於這樣的故事，還需要多少個年輕人前仆後繼地來說多少遍，我們才會有終於聽懂的一天，也是我所感到好奇的。

本來是憤青
追尋內心的明日山城

# 目錄

本來是憤青
追尋內心的明日山城

目錄

Inscribed to D

我心中永遠的小太陽

【前言】

# 一個陀螺，超連結的全球化想像

文◎李尚儒

孩子才是哲學的大師，他們用一個酒窩告訴你，
沒有這些欲望和渴求，太陽依然從東方升起。

二〇一三年四月底，我到美國華府參加「Interaction」組織的年度會議。會場裡的成員來自世界各地的非營利組織（Non-Profit Organization，簡稱ＮＰＯ；另有一說法為Non-Governmental Organization，簡稱ＮＧＯ）的菁英。眼花撩亂的講座裡面談的是ＵＰＳ執行長談論聯合國的ＭＤＧ（Millennium Development Goals，千禧年發展計畫）；二〇一五年要如何消除全世界的貧窮、飢荒；愛滋病的傳播和教育；組織再造、Ｍ＆Ｅ（Monitoring and Evaluation）……

好多專有名詞。我嘆了口氣，把唯一能見人的西裝外套拿出來穿上——好像這樣就能遮掩些什麼似的，然後離開房間去大廳跟其他人聊天。Crystal Gateway

Marriott是一家歷史悠久的星級飯店，絨布地毯上頂著一件又一件喀什米爾西裝；會場裡供應著無限取用的茶點、美式咖啡和拋棄式餐盤。今天是最後一天，紀念品與DM發放的方式其實跟光華商場無異。我走到福特的攤位前，聽說這裡有很特別的USB裝置——是一輛塑膠卡車，車頭燈是USB裝置。我翻了翻製造地，毫不意外地證實我的猜測，隨手拿了。展示人員塞給我一張剛剛才在垃圾桶（而非回收區）裡看見的一模一樣的傳單。我用一〇一個微笑回應著。

幾番舟車，約莫三個星期後我回到祕魯。

早上十點降落在阿雷基帕國際機場（Arequipa International Airport）。說是「國際機場」，也就只是一週兩班從拉巴斯（La Paz，玻利維亞首都）來的班機。回到房間將西裝外套掛好，換上了那件從二手衣物堆撿來的綠色帽T外套，收拾了一會兒，到辦公室去交代幾句。出門。

幸運的一天，新公車就這樣出現在我眼前。

「沒想到才三個星期，Arequipa（阿雷基帕）就變得這麼多啊？」我心想。

車內還有新車獨特的味道，每張椅背上都看得到日本製車公司名字，立體的藍色漢字就這樣印在未拆封的塑膠套下，輕輕巧巧地。

時間還早，我提早兩個路口下車，走路到Daniel他家去。

地球公轉自轉得很快，這裡卻像是凍結的暮光。我猜想消除貧窮的遠大夢想還停留在北美洲，斜紋呢的西裝筆挺無法在沙塵中翩翩起舞，只給沾滿那即將穿破的ＮＩＫＥ球鞋。昨夜未燒盡的垃圾還在遠方的廣場上殘留著，我看到門口那不生疏的綠。Daniel的房子就在操場的轉角，圍牆的高度只有小腿肚，甚至無法稱之為牆——那只是用石頭圍起的堆塊。Daniel的媽媽，Señora Rosa是個很棒的園藝家。社區裡的棚架是千篇一律的藍色塑膠布，她卻讓藤蔓爬上格子狀的廢棄鐵架，Daniel和他弟弟可以在結了瓜的綠蔭下玩耍。

我走到門口那幾株玉米前方大喊：

「Hola！」

Señora Rosa掀開門簾走了出來。看見我，笑了。

我一度非常懷疑她的年紀。鬢角上的斑白和簡單紮起的灰色馬尾似乎暗指著歲月，但是Daniel卻只有九歲。後來我才知道，其實社區媽媽們年紀都不大，只是日與月刻畫痕跡的時候用力了些。

「你回來了。」她手心裡遞著溫暖和真誠。

Daniel隨之衝了出來。

「Teacher Li！」給了我一貫的大笑臉。

沒有人不喜歡Daniel。活潑而有精神的動作，大眼睛衝著你叫：「Teacher！」然後再跟同伴笑著跑開。很難不驚訝的是，一千八百多個日子來，他都如此地陽光燦爛。泛黃的照片裡是嘈雜的教室，裡面的志工與小朋友都不是相識的面孔，但不知怎麼地，熟悉的眼神讓教室都亮了。從學校成立開始，六年的雨季來了又走，行筆至此，閉上眼我都還記得那抹笑容。

寒暄過後，我打算先回學校收拾點東西。大概不會有志工佛心來著幫我收儲藏室吧，我心想。沒走幾步，Daniel和他弟弟追了出來。也要一起去，他們吵著說。

好啊，一起去。

「老師講的話你聽得懂嗎？」Daniel的新老師是個有點口音的新志工。

「聽得懂啊！」他晃了晃圓滾滾的臉頰。

差點忘了，幾年下來這小傢伙對口音的適應能力大概比我還行。

從他家到學校這三兩個路口，這幾年下來也常走。跟Elly來提水的時候總要在半路喘

口氣再繼續；街頭少年問題影響到小朋友上課安全的時候，我跟幾個社區媽媽討論著巡邏隊的可行性；那年夜深，找小朋友的家門鑰匙可找得辛苦了。

或許是時差，今天這段路走起來就是好累——學校的事，遠方的事，該開心的事，煩惱的事。回神看到弟弟不知道發現了什麼，叫Daniel過去看。兩個人蹲在路口的灌木叢把玩著一個底座壞掉的陀螺，想著是否有什麼方法修好它。「我們等下去學校找找，說不定有繩子可以配著用。」我說。

兩兄弟點點頭，熱情地討論著等下誰先玩。「事情都還沒個底呢，開心個什麼勁。」我心中笑著。霎時轉了個念想：那又如何？無論最後有沒有繩子，至少現在是開心的就好呀！在數字與物質堆砌的二十一世紀，程式語言裡的「1／0」和中文裡的「是／否」總沒什麼兩樣，我總是踮著腳企求著答案。

「賞顆糖吧？我的愛與恨、成功與失敗全靠它了。」

殊不知孩子才是哲學的大師。他們用一個酒窩告訴你，沒有這些欲望和渴求，太陽依然從東方升起。宿命裡的下一刻都是永恆的以後，眼前的陀螺轉著的，是我從沒見過的瞬間。我從後面緊緊抱住Daniel，用力用力地抱住。

「Daniel，我好想你喔～」我用中文說著。

「Quéeeeee～」

我在他背後待了一秒鐘，彷彿一輩子。

「Daniel, how are you today?」我換成英文。

「Very happy.」他轉頭，笑了。

兩個小傢伙黏著我找。在儲藏室的灰塵中撈出了一捲棉繩，剪了一段合適的，讓他們去門口玩著；我回過頭處理這一片狼藉。遠處又傳來砂石卡車轟隆作響的引擎聲，我看著眼前這鐵皮下的文具櫃：這該擺哪，那該杵這，我把歸類好的彩色筆架放好，從間隙裡透出的陽光裡看得見微塵飄浮著，關上書櫃的門，上演了一陣小旋風。

數坪大的學校，這時可安靜了。我閉上眼聽見了即將上演的歡鬧聲，卻阻擋不了五月天裡刺眼的陽光。走出校門口，我看到Daniel跟他弟弟在地上打陀螺。那可是砂子地，陀螺到底要怎麼轉呢？

地球又應該怎麼轉呢？

我們看待這個地球的方式，其實跟我們看待自己的樣子如出一轍。那些集體的欲望與渴求，人類用光纖和金屬打造了後工業革命的新世界；面對異與同，自然科和社會科學百家爭鳴，在尚未征服巴別塔之際，只得再裹上東西方的華麗語藻做為糖衣。懂得愈多，參透的卻好像愈來愈少。人類仍然無法了解自己。

Daniel一個伸手，讓陀螺自然地在手中轉著。他轉頭，對我笑了一下。瞬間，華府會場裡說講的投影片、洛杉磯機場裡的行李轉盤和數位網路裡的統計資源……

之一

# 叛逆的靈魂覺醒了

# 我的叛逆期來得太晚

醫學院畢業後，我沒有申請「住院醫師」，全班只有我一個人沒有。在醫院那個體制下你必須屈服，而我，不願意服從權威。

## 乖巧順從的「萬年第一名」

我的叛逆期來得太晚了。

我不知道自己小時候有多「乖」，只記得曾經有一次路過訓導處時，訓導主任突然叫住我，對著他眼前的學生咆哮：「頭髮剪成像李尚儒這樣，再乖乖來學校上課，有這麼難嗎？」而當時的我竟覺得這是一種稱讚。

「品學兼優」、「循規蹈矩」大概是我學期末成績單裡面最常出現的評語。在國小、國中這九年裡，我是「萬年班長」、「萬年第一名」，也是「模範生」。

我來自宜蘭南方澳一個傳統的大家庭。爸爸是獨子，有四個姊妹，我是長子加長孫，又是平輩中最會念書的孩子，所以「好好讀書，其他什麼事都不用管。」

這句話從小在耳邊迴盪。順從父母、師長、親戚的期待，遷就他們的心意而乖乖念書，的確讓我得到很多的好處，但學校並沒有教導人生要什麼、不要什麼，所以我也沒有為自己爭取過想要的東西。高中時我對生物科學特別有興趣，還曾參加北區科展跟實驗能力競賽並得過獎，其實當初我想念生命科學系，但大家希望我念醫學系。我無法確定自己喜歡與否，左右我的都是正反兩種力量。

南方澳是漁村，媽媽認為即使考第一名也不能證明什麼，為了增加競爭力，便將我的戶籍遷到搭公車要四十分鐘的羅東公正國小念書；由於早起，有時我會不小心在車上睡過頭，過站之後只得自己慢慢走回學校去。

念小學時我還滿喜歡地理的。以前國立編譯館地理課本的第一頁是「世界地圖」，我和一位同學就拿一張稍微可以透光的白紙蓋在世界地圖上，一人畫一邊，試著把這個世界「畫」完：我畫西邊的歐非、他畫東邊的亞洲。兩人也會交換，嘗試不同畫法，彼此分工合作，分進合擊，先畫好各大洲的輪廓再想辦法標示細節：「這裡是峽灣啦，你畫錯了啦！」「原來尼羅河有這麼長喔？」「格陵蘭你要畫還是我畫？」「還有麻六甲海峽！」「中南半島比我想像的大很多耶！」畫的過程中，驚呼聲此起彼落，沒去過的國家也恣意讓想像吹滿畫紙：想像南美洲熱帶雨林裡亞馬遜河是怎樣地彎延、撒哈拉的信風又是怎樣地改變沙漠地形……一個學期之後，終於拼湊出一張世界地圖。

跟我一起畫世界地圖的同學後來去愛丁堡念書。有次我們在台灣碰到面，我說：「或許那時就注定我們都不會留在台灣吧？這樣想想還挺有趣的。」

不過，求學階段最大的波折，是國二那年發生的「抓耙仔」事件。

那是一堂輔導課，有一天老師突發奇想，要每一個人都上台，由坐在台下的人談台上這個同學的優缺點。

我上台後，舉手發言的人非常踴躍，但他們都講缺點，內容不外乎抱怨我打小報告。我是班長，老師都會要班長記下誰沒睡午覺、誰不守規矩，我就乖乖地記下來，沒想到竟被同學罵「抓耙仔」，「你怎麼可以這樣……」甚至還有個同學氣得拍桌子。大家你一言我一語，群起攻擊，站在台上的我被罵哭了，從台上哭到台下，哭得很傷心，老師也嚇壞了，直呼：「怎麼會搞成這樣？」

這件事對我處理人際關係、交朋友造成了改變和影響，我變得很在意同儕的感受，變得很愛朋友、在乎朋友；後來演變成是一個很容易被拗的人，只要朋友（甚至不是朋友）需要幫忙，幾乎都是ＹＥＳ，絕少說ＮＯ。

在宜中念書時，電視台正在播《急診室的春天》，播出時間是星期六晚上十點，我幾乎每週準時收看。高中時哪裡懂背後的心酸血淚，只是覺得ＥＭＴ（救護技術員）撞開急診大門，口中唸那麼一大串生命數據交班給醫生很酷，好像是某種即時的「隨堂考試」，生死交關的情節和人性的衝突，這大概可以算是某種「醫學」的啟蒙吧？

媽媽似乎樂見其成，她覺得我功課好，如果將來能當醫生應該很棒；再加上阿嬤身體不好，姑姑們也希望家裡能出個醫生。所有人的願望隨著《急診室的春天》愈作夢愈真實，還特地從台北請了數學家教來宜蘭幫我補習。

大學聯考放榜了，我如大家所願地考上中國醫藥大學醫學系，全家感到非常驕傲，道賀電話不斷。在鄉下，考上醫學系似乎是件光采的事，我媽走在街上都有人把她攔下來問：「你兒子好厲害呀！你是怎麼教的？」她的個性低調，但暗自高興，客氣地說：「沒怎麼教啦，是他自己有天分。」

我不排斥當醫生，但也沒有很想當醫生。在那還是懵懵懂懂的階段，一個剛結束長期念書加密集考試的十七歲小孩，哪裡懂得將來要做什麼？我有一點猶豫，那時對實驗室的興趣遠大過於我一點都不了解的「醫院」。我媽還帶我去走訪宜蘭各大診所，拜訪醫生，詢問他們的意思。

「當醫生不錯啊，如果你想做實驗，當醫生之後也可以做。」咦？這我倒沒想過耶！好像不錯，好吧。就這麼決定了。

醫學院念七年，大一到大五在學校，跟醫院幾乎絕緣。相較之下，社團對我的影響比較大。

誤打誤撞之下我參加了「基層文化服務隊」（簡稱基服），寒暑假都到偏遠鄉區辦小朋友的育樂營；十二個基服隊員要出兩支營隊，一支營隊五天四夜，兩支營隊十天八夜，總共帶兩所不同國小，總計將近兩百個小朋友，包括每一梯次的營火晚會，所有事情都是我們十二個人做，工作量可想而知。

生活時間長，不只要負責三餐，還要幫忙帶小朋友寫教案；活動時間長，不只要負責計畫活動，也要幫忙器材的運送。

由於經費不足，我們大部分的時間睡在學校，把教室桌椅搬開，鋪上軍毯就是臥室；把一間廁所徹底打掃乾淨，放上兩大桶冷水，再用黑色大塑膠袋掛在門口遮掩，變成了浴室。

把小朋友送回家之後，我們還要排演、準備器材、道具、煮飯、洗衣等等。回過神來可能已經半夜一、兩點，清晨六點半小朋友要來，這時要洗澡還是睡覺？好吧，可能也沒什麼意識「選擇」，倒頭就睡了；還曾經創下暑假七天沒有洗澡、十天沒有洗頭的紀錄，連小朋友看到我都是遠觀而不是擁抱，「大哥哥好臭喔！」「走開啦！」

我在社團學到了醫學系沒有教的團隊合作、統籌規畫，出完梯隊之後的感覺很爽。我喜歡跟他們一起努力，而這過程彷彿有一條無形的線把我們都串在一起，十二個人站出去就是一體，幻想自己身處於某個很強的團隊裡面。這個經驗很棒，也很珍貴。

到這時期我還是「乖乖牌」。

## 醫學院畢業的無業遊民

台灣的醫學教育是大六到醫院見習，大七到醫院實習。

我想回北部，所以見習、實習便選重視實務經驗的林口長庚。學長姊的口耳相傳中都指這家醫院比較操，當時我們的觀念是「操」等於「學得多」，心想：「好吧！既然都要去醫院工作了，操一點或許可以學到比較多東西。」另外一個原因是長庚實習的薪水是二四五〇〇元，在當時是所有實習醫師最高的，能賺點錢也不錯。

見習就是看而已，有點像當「觀光客」，沒有責任，常常早上見習完下午就沒事，所以我開始接觸一些其他非醫學相關的事情。二〇〇六那一年很熱鬧，我參加了樂生、倒扁、同志大遊行……還有釀成最後二〇〇九年醫學生一起上街頭的波波法案；看到有人在網路上徵製片助理，我也跑去幫忙拍電影。

隔年的實習等於「當學徒」，得做很多雜事。但這一年我卻過得非常痛苦。

大七實習結束需要考「醫師執照」，我考上了，順利從醫學院畢業。

拿到醫師執照後，可以選擇自己想去的科別當「住院醫師」，例如申請內科、外科、皮膚科、婦產科、小兒科……每一科都有受訓時間（譬如內科是三年），受訓結束就可以考「主治醫師」執照。「主治醫師」又叫「專科醫師」，拿到這張執照便是那一科的專科醫師；像一般人去醫院看診，坐在位置上問診、開藥的都是主治醫師。

但我沒有申請「住院醫師」，全班只有我一個人沒有。

我在實習階段就看不慣某些醫生的作為，醫院有些事情我也沒有辦法接受，這股不滿在心中一直累積、膨脹，最後只好選擇不要這個身分。

我跟媽媽說：「我不會進醫院喔！那裡的環境不適合我……」大致講了一些不適應的事。

「什麼？我有沒有聽錯？」這對她當然是很大的衝擊，「我花這麼多心血讓你讀醫學院，你念這麼多年也畢業了，怎麼可以說不做就不做？」劈里啪啦講了一堆，結論是——你這孩子實在太任性了。

掛了電話，她心臟狂跳，心情低落，找一些人訴苦，家裡因為我不進醫院混亂了好一陣子。

不當醫生，總要找點別的事做，我進入「ＮＧＯ徵才網」求職，丟了一份履歷表到「罕見疾病基金會」。

面談的主考官翻開我的履歷，「你醫學系剛畢業喔？」以非常驚訝的語氣問。

「對啊！」

「你怎麼不去醫院呢？」

「因為我想做非營利組織的醫療工作。」

「這裡的薪水很少喔！」

「沒關係，反正我剛出社會，不在意。」

沒想到這場面談他竟不斷勸退我，最後乾脆說：「醫生沒有必要『屈就』這樣的工作。」

我陸續寄履歷，偶爾接受幾家面試，卻沒有一家要我。一方面我沒有社工專業，不符合許多組織的需求；另外，他們普遍的疑問是：「為什麼醫學系的學生會跑來這裡？」

我可以理解這個社會對「醫生」既有的刻板印象，所以沒被錄取也覺得還好。

後來我接了一個醫學文獻的翻譯案，看了一堆書，大部分的時間都無所事事，靠著實習醫師時的存款和家裡給的錢「閒晃」了一年。

這一年，家人三不五時會規勸我回醫院，眼看生計即將出現問題，剛好長庚醫院的同事問我有沒有意願回去，「當醫生跟實習時真的不一樣！」眼看現實生計也面臨問題，於是我參加甄選，並順利錄取。

回到長庚，我媽鬆了一口氣，她很欣慰地說了一句：「你終於要過『正常人』的生活了；當醫生才是正途，我不要你的錢，你就好好做……」感覺她的心情在天堂。但我聽了非常惱怒，反問她什麼叫「正常人」的生活，什麼是「不正常人」的生活？

## 你，憑什麼？

我簽了一年神經外科住院醫師的約。這工作要照顧住院病人、巡房、開刀……的確跟實習時不一樣，因為所扛的責任遠比實習醫師重；但那個「不一樣」並不是這一切問題的根本。

其實我的工作表現還不錯。技術對我來說不是問題，醫病溝通也做得來，甚至與護理站的護士、傳送、打掃的阿姨都非常好，我跟他們聊天也聊公事，例如：護士會告訴我一些「發藥」、「領藥」流程，病人晚上的藥是幾點領、幾點發，還有一般藥物又是怎麼從藥局到病人手上……這些都是醫院最基本的事，很少有人會關心這些細節。我們像朋友，我不用煩惱中餐、晚餐，他們都會幫忙訂便當，半夜值班也會留杯飲料或是點心給我墊墊胃，同事情誼很溫暖。但當我們開心相處還有說有笑時，若某些人一出現，尤其是上級主管，我就忘了掛回笑容。

我認為：擁有較高的醫療知識者並不代表人品受人敬重，而位置比較高不代表值得尊敬，頂多代表了一件事——年紀比較大，如此而已。

有一天，一個教醫學倫理的教授來巡房，他是那種病人講什麼都說「好」的醫生，對病人的要求有求必應。看似很好，但他的答應來自於他的「無關痛癢」，答應「好」之後就「飄」走。我用「飄」這字眼是沒人知道他去哪裡；他飄來飄去，但我們得留下來處理他說「好」而其實「不好」的狀況。

例如病人說今天要出院，他就說「好」；實際上這病人不能馬上出院，而他一走，下一秒，我得跟病人解釋為什麼不能馬上出院，然後是病人責怪為什麼教授說可以而我們卻不行。又例如有些病人希望某科醫生到病房幫他看診，這位教授醫生說「好」，燙手山芋便丟給住院醫師處理；但醫院的流程不是這樣，所以我們得解釋不行，可以想像，病人一定反彈。「人家教授都說可以了！你為什麼意見那麼多?!」當住院醫師常做這種擦屁股的工作。

我不太欣賞這位教授的做事態度，所以跟他上同一台刀時，我根本不想回應醫學之外的任何一句話。有一次就趁病房有事而直接下手術台，事後學長跑來跟我說：「他在盯你，下一次不可以這樣，不要把自己的不滿反映在手術台上。」

我心裡常有一種ＯＳ：「你，憑什麼？」

但在那個體制下你必須屈服，而我不願意服從權威。

有些學長真的很懶惰，護理站打電話他硬是不接。不接電話，事情會自動消失嗎？

「李尚儒，你學長都不接電話啦！」護理站轉而打給我。

「我也不知道他在哪裡，他不接電話我能怎麼辦……」

「你來10Ｊ護理站一下啦！很急！」

我自己手上都已經有三個護理站的事情要處理了耶！你在開玩笑嗎？憑什麼可以不接電話而把工作推給別人做？我的工作量已經超過負荷，為什麼還要接他的工作？

有一天，我忙得天昏地暗，晚上八點多，手機響了，是我媽打來的。

她問：「你吃飯了沒？」

「還沒，怎樣？講重點。」她說：「趕快去吃飯，怎麼可以三餐不正常……」

我整個火氣上來，突然發飆：「你不是要我過正常人的生活嗎？這就是正常人的生活啊！你滿意了嗎？」說完，啪地一聲掛掉電話，護理站旁的護士們個個張大嘴巴，面面相覷，都被嚇到了。

## 我的孤單一直存在

回到醫院，等於重複了大七那年的生活。我過得很不開心，自己默默地不開心。

我不願意一竿子打翻一船人。在醫院打滾過幾年，看到幾個主治醫師對後輩、同事和病人都很好；有些老師我很感恩，他們對病人、對醫學的貢獻是我一輩子望塵莫及的。但他們的人生不是我要的。

醫院對我來說只是工作的地方，我沒有歸屬感。

其實有人認為不必在意外在的人事，天底下沒有十全十美的環境，「你念醫是為了救人，只要專心照顧好自己的病人，不就好了嗎？」

但我念醫不是為了救人，如果是，那麼去當史懷哲就好，我沒有那麼崇高的理想，沒有悲天憫人的情懷，沒那麼偉大。

老實說，當初念醫是因為它是一門「有趣」的科學，尤其是神經科學。我對於人類行為背後的邏輯有興趣，它雖然很複雜但有一定的路徑，我可以根據病人的症狀撇除完全不可能的結果，推測哪裡出了問題。「邏輯」對我來說，是一件很重要的事。

但我沒辦法只在乎自己而忽略這些不喜歡的人事物：為了一篇論文而彼此翻臉；為了一個職位而勾心鬥角；護理長欺負護理師，總醫師欺負住院醫師，主任壓榨年輕主治醫師……

有一次在開刀房，那天不知道怎樣我已經很不爽了。刀已經在關了，大家閒聊，有人說昨天去林口看了一間房子，公設比怎樣；有人說看韓劇哭得很慘……講大家都懂的事，談論熱烈，突然有人轉身問：「李尚儒，你昨天在幹嘛？」我說去看了一部戰爭的紀錄片——現場氣氛瞬間結冰，沒有人接話，應該說沒有人知道要怎麼接。

我是故意的。

跟醫師同事和上司相處的確是我的罩門。醫生下班後偶爾會有聚餐，在那種場合我沒辦法跟大家打哈哈，無法跟他們稱兄道弟、交際應酬。

新進住院醫師歡迎會那天，我聽完致詞就落跑，有同事才剛到，便問：「嘿，李尚儒你要去哪？」

「我要走了。」

「現在？不是才剛開始？」

「對啊，他們要開始喝酒了。你趕快進去吧！」

我開始體驗到醫學院的知識只是很小的一部分；實際的醫院工作有更大部分的應對進退和人際相處等潛規則，這些都讓人感到不安，覺得沒辦法把自己放到「醫生」這個位置上去。

按理說我也可以「假裝」自己好像是一個曲高和寡的人，用阿Q的方式「假裝」自己很酷、很屌。但事實上，我不覺得自己比其他人高尚，也不比其他人有想法，只是「不一樣」而已。但是在那個環境裡，跟其他人無法建立私交，不做多數人會做的休閒，只會顯得自己永遠不屬於那裡。

我的孤單一直存在。

# 不當醫生，想去國外做志工

「我要就不做，要嘛就做大。」

我要證明自己不是去玩玩的，也不是只要個經驗，而是把它變成一個志業。

## 十年後的我是什麼樣子？

第一年住院醫師生涯結束，我完全沒有續約的打算（住院醫師的約是一年一年簽的），猶豫著下一步該怎麼走。

這時，有朋友建議我去萬芳醫院的麻醉科試試。

面試我的是麻醉科的主治醫師陳廷貴，大家都叫他「阿貴老師」。他是個感性的人，他說：「麻醉科教科書開宗明義說，Anesthesiology is a kind of art.（麻醉科是一門藝術），它有一些準則，你只要確實遵循，怎麼做都行，發展空間很大；好比每個主廚也遵守營養衛生等規則，但做出來的菜就是不一樣。」老實說，我對麻醉的概念很模糊，不過他的形容聽起來還滿有趣的。

我很快被錄取了。阿貴老師後來說：「麻醉科不是熱門科，門檻不高，一般人都不愛走這一科，很少有這種不是應屆畢業生且做過神經外科的住院醫師來應徵，通常這種人只要願意來，應對得宜，麻醉科馬上就收了。」不知道這番話認真的成分有多少，不過以六大科（內、外、婦、兒、急診、麻醉科）缺人的狀況，或許有幾番真實。

我跟阿貴老師提起當住院醫師不快樂的事時，他完全能理解。他說：「第一年都是最慘的，很少有人快樂，住院醫師本來就是難熬的歲月。我以前在台大，家住台北，第一年一個月大概只能回家一次，在醫療體系上是生態的最底層，真的是燃燒年輕的生命⋯⋯」

或許我是草莓族？當初長庚的專科護理師曾說：「如果你真的對醫院工作沒有太大的興趣，或許去一個工作時間比較固定，自己業餘時間比較多的地方，可以做多一點自己喜歡的事，應該會比較開心吧？」我當初也這樣想，姑且不論我討厭它什麼，那麼少待在醫院一點，事情會不會有所不一樣？

不過，我到了萬芳醫院半年後發現，即使到了公立醫院，又是相對不操的科別，但除了比較不累，其他的狀態還是沒太大改變：用階級在欺壓下屬的事情還是發生；酸言酸語仍然在開刀房之間流傳著；討厭的人依舊存在⋯⋯並不是醫療工作讓我無法承受，而是心情上跟這個環境非常疏離。

有住過院（或是有親朋好友住過院）的人都知道，主治醫師去巡房時，旁邊往往會跟著一、兩位年輕醫師，那些人多半是「住院醫師」。在病房跟病房流轉之間，我常常望著主治醫師的背影，心想：「這就是我五年、十年之後的樣子嗎？」心裡的聲音不斷告訴自己：「那不是我，那個『醫生』不是我。」即便再怎麼有空閒的時間，再怎麼跟醫院保持距離，這種感覺依然存在。那麼，為何一定要死守著這個頭銜不放？

## 這輩子一定要去一次「馬丘比丘」

我隱約向同事透露自己要離開的事，後來消息也在醫院傳開，時間是二〇一〇年四月。

我雖然不喜歡當醫生，但對醫學工作仍有興趣，對非營利組織這塊也一直擱在心上。既然台灣沒有什麼機會，那就出國試試看！

網路上有很多國際志工組織，只要輸入volunteer（志工）或International volunteer（國際志工）就會跳出很多網頁。我一一點閱，這些ＮＧＯ通常有個簡單的計畫，希望志工具備哪些條件（例如學歷、語言能力）、去那裡做什麼事、服務時間多長……等等；有的要付錢體驗，收費高者甚至一個星期要價五百美金（合台幣一萬五千元）。

我把目標區域設定在南美洲。如果將來真的想走國際醫療，語言勢必是一個很有用的工具；中文、英文和西班文大概是目前世界上使用率相較最高的語言，我想趁機把西文學起來。

整個南美洲有超過三百個ＮＧＯ，我花了將近三個月才全部看完，但仍然無法判斷哪個組織好或不好。老實說，我並不了解這些組織的風評，也因為自己沒有ＮＧＯ的背景，感覺是處於被挑選的狀態，的確有點冒險。

我只能選擇喜不喜歡，例如有的ＮＧＯ做環境、水土保持、海灘……這一類的我就沒興趣；我選的是醫療、社區、小朋友教學之類的。再來是看他們要求的條件，像有的組織要求志工會講西班牙文（因為沒辦法溝通，即使有醫師執照也沒用）、要有教師執照等等，這些工作即使有興趣，條件也不符合；另外還要考量當地的開支和自己的經濟狀況。

做了這麼多研究，我才知道自己離「出國工作」有多遙遠；不僅語言上需要加強，學術和專業背景都還需要再努力。

「呼，還有好長的路要走。」

因為愛上了馬丘比丘，我決定到祕魯當志工。

但我看到南美洲的「祕魯」時，網頁畫面就停格了。

如果（假設），你這輩子只能出國一次，就這麼一次喔！有沒有一個地方，是你一定要去的？對我而言，就是馬丘比丘（Machu Picchu）。很多人問「為什麼」，其實我也說不上來。國中時偶然翻到《國家地理雜誌》，看到那張馬丘比丘的「經典照」——每個人都會拍出來的那張，我不敢說那絕對是安地斯山脈最值得一看的景色，但就像看一眼然後認定某人是此生最愛一樣，「就是它了，我一定要去看一眼，頭也不回。」

最後，我挑中祕魯南部大城Arequipa（阿雷基帕）一個社區組織「TNT」的兒童英語學校，並附上申請書和推薦信，再透過Skype用英文面談；TNT沒設什麼條件，工作內容是一般背包客都可以勝任的，主要工作是教小朋友英文，他們簡單地問背景、想當多久的志工、對小朋友的想法如何等，我初步的構想是在祕魯待一年，隔年再去應徵其他醫療相關的志工工作。

二〇一〇年八月離開萬芳醫院之前，我已經把NGO的聯繫工作做好了。

我覺得有必要跟醫院同事說了。

主任認為應該先拿到專科執照再出去，至少算是完成某一階段的工作，這想法跟我爸一樣，跟我很好的學長也這麼認為。若按此邏輯，人生永遠有完成不了的事。念醫學院時長輩要你畢業，畢業後要拿到醫師執照，接著要你當上主治醫師，當了主治醫師可能希望你工作幾年買了一棟房子再出去……他們永遠會設一個階段性任務給你，如果照他們的意思走，我永遠無法實現自己的夢想。

至於相處得比較好的護士，她們的反應也很相近。「真的要走喔，不要啦！」、「幹嘛走?留在這邊很好啊！」

我當然也跟阿貴老師提到這件事，他是個自由主義者，也是聽得懂我語言的人。對於我的出走並不驚訝，「想做就去做啊，我覺得澆熄年輕人的熱情是很不應該的事。」在他的觀念裡，沒有醫生一定要待在醫療體系這回事，對於我想去做國際志工的反應倒是挺正面的。

他覺得做住院醫師在體力上真的很辛苦，不過辛苦的事睡一覺就可以解決，但不快樂就不是睡一覺可以解決的問題。他肯定我在麻醉這方面做得不錯，學習速度很快，也覺得我在醫院環境的適應上沒有問題，人際關係處理得還不錯；那麼，剩下的是我自己的想法了。

我跟阿貴老師告別時提到，有人說我放棄醫生出國是為了「玩」。說實話，我倒是很喜歡這個說法。是啊，是去玩，但即使玩也要玩出個名堂。「我要就不做，要嘛就做大。」我要證明自己不是去玩玩的，也不是只要個經驗，而是把它變成一個志業。

阿貴老師點頭表示了解。不過他提醒，這一趟遠行，家人一定捨不得，要我跟家人好好溝通。

沒錯，剩下的就是家人這一關了。

# 讓我選擇自己的人生

如果我只是一名工友，那麼去祕魯當志工這件事會引起軒然大波嗎？

我知道，現在自己正在擺脫社會對「醫生」的期待和枷鎖。

## 母親的眼淚

遞出辭呈後的某一天，媽媽打電話來，我趁機告訴她這個決定。

「我在萬芳醫院只做到八月底喔！」

「什麼？你說什麼？」她非常震驚。

在這通電話之前，我常嚷嚷「不做了」，對醫院裡的大小事有很多不滿，爸媽聽聽就算了，總覺得不可能真的放著醫生不幹；直到這一次我連時間都點出來，她才慌了手腳。

「我覺得很不可思議，你怎麼會做這種決定？」我知道她沒辦法接受這個事實，對任何家庭來說，一個念醫的孩子要放棄做醫生去國外當志工，應該都是青天霹靂吧！

從我「叛逆」開始，一下子離開醫院、一下子回到醫院，她老覺得自己的心情也跟著在地獄和天堂之間擺盪，而現在又要陷入負面的情緒了。

我講了一些自己不適應醫院生態和不愉快的事，她不以為然地反問：「有哪個人出社會不受到一點氣的？」

她滔滔地細訴自己在職場上是怎麼熬過來的。「我一畢業就到銀行上班，那時還沒考上正式員工，做的都是小妹的事，幫別人倒茶、洗杯子、打掃……白天受委屈也只能忍氣吞聲，晚上抱著棉被哭，但明天還是得打起精神……」她覺得工作不愉快不但不是問題，還是進職場的必經之路。

但我覺得父母搬出古老年代的苦日子已經不能說服現在的孩子了，至少不能說服我。我想問：「我為什麼要複製你的職涯，我不能開創自己的路嗎？」

「戲棚待久，就是你的。」她說。

「但我不想要這個棚子啊！」

媽對我的想法感到心灰意冷，「你不當醫生要做什麼？」語氣中透露著絕望。

「我要出國。」

「出國幹嘛？」

「去當志工。」

「當志工有錢嗎？」

「沒錢。」（不但沒錢，還要繳兩百美金的註冊費，但這句話沒說出口。）

電話彼端一陣沉默。她的個性是只要生氣，就不講話。

她對我的未來曾有很多想像，她在銀行當主管，知道大學畢業生一個月薪水大概三萬，而醫生起薪十萬出頭，跟她工作四十年所領的月薪差不多。「好好的一條路不走，為什麼偏偏要走坎坷的路？」她覺得很惋惜。

「錢夠用就好啊！」

「對，你從小到大都不缺錢，因為我一直無條件資助你，這是做父母的錯。」

「那麼，你缺錢用嗎？」我反問。

她更生氣了，電話沉默了一分多鐘。

「媽，你有在聽嗎？」

「嗯！」她說：「我現在全身發抖，手腳冰冷，幾乎無法站立，還好沒暈倒。我怎麼會生出你這個怪胎？完全被你打敗。唉！做父母的，都是永遠輸家。」

「你要去那個國家？」她停了一會兒，繼續追問，聽得出非常無奈。

「祕魯。」

「祕魯？那是哪裡？」她突然提高聲調。

「南美洲。」

「南美洲？」這下她更擔心了，因為在她的印象中，那是一個很落後、治安很差的地方，「你不但不當醫生，還去祕魯，而且單獨去，這是三重打擊耶！」

「沒那麼糟啦！」

「你想當志工在台灣也可以，為什麼要去那麼遠的地方？」

「我之後想出國念書、工作啊，所以趁這個機會累積一些經驗，將來可以用。」這句話其實一半是真的一半是假的。我的確有想要出國念書、工作，但當下也沒這麼確定，不過「出國念書」這四個字似乎是非常政治正確的事情，先搬出來安定軍心。

「隨便你……」

啪！

## 和全家族抗爭到底

接下來的情況可以想像：媽媽跟爸爸說，然後兩人再分別跟他們的兄弟姊妹說。果不其然，過幾天我陸續接到姑姑、阿姨的電話，她們關心的問題都大同小異。

「你到底要幹嘛？」

「出國啊！」

「去哪？」

「祕魯。」

「去祕魯幹嘛？」

「做志工。」

「志工到底在幹嘛？」

「去偏遠的地區教小朋友英文。」

「為什麼要去祕魯做這些事情？」

我大概重複了過去講的內容，然後她們開始試著說服我：

「我的小孩都沒辦法讀好學校，出社會為了賺錢，辛苦地工作；而你有機會念到醫學院畢業，出來當醫師，薪水又高，居然還想要放棄……吼！」

「你爸媽這樣栽培你，希望你出社會可以賺錢，兒子念完醫學院當然是要當醫生，哪家孩子不是這樣？」

「你真的想清楚了嗎？」

「你都不知道，你媽這一陣子過的簡直就是『行屍走肉』的生活。她接完你那通電話後根本無法入眠，白天只能靠喝咖啡提神，她還說：『現在才了解新聞中常有些人說自己快活不下去了，大概就是這種感覺吧！』」

這些親朋好友打來的電話讓我很心煩，於是我決定找機會再跟媽媽解釋清楚。我跟她說：「我最終的目的是去美國念書，但想要念的東西需要海外志工經驗，我只是先去體驗一下……」這些理由她似乎又可以理解一點，語氣稍微軟化。

「你去祕魯我看不到你，當然很擔心，當然會胡思亂想啊！你一點都不體諒當父母的苦心……」

我逮住機會打蛇隨棍上，「你既然要看我，那就幫你弄一台電腦，現在科技很發達，你想看隨時看得到。」

我馬上回宜蘭老家裝一部電腦，跟家人說，如果要和我聯絡該怎麼使用。我在桌面上寫得很直白，例如在Skype寫上：「跟李尚儒講話請按這」、「看李尚儒的部落格按這」……把捷徑都設在桌面上，「只要有這個網路，跟我聯絡很簡單、很方便。」媽媽試著操作，暫時轉移心情在電腦科技上，我也鬆了一口氣。

我弄好電腦後覺得責任已了，以為大勢底定，沒想到後面還有高齡逾九十歲的阿嬤、阿公這一關。

我是他們帶大的，他們一直叨唸，想方設法阻止我出國。阿公說：「我八十六歲都還在修船賺錢，你有工作卻不做！這樣吧，你趕快回醫院當醫生，你賺了錢我才能退休啊！」

阿嬤則哭著說：「不要把我丟下不管啊！」她的眼淚讓我感到內疚、不安，我心疼她，頻頻安慰，「不要想那麼多，我會回來啊！只是一、兩年而已。」

這樣的親情攻勢令人掙扎，但我自問：「難道家人不支持，就不走了嗎？」

不，我心裡的聲音是，即使他們說的都對，所有反對的理由都成立，我還是要走。

我承認自己是自私的，但換一個角度看，如果真的因為這些原因留下來，繼續做我覺得很痛苦的事，那麼最後會怎樣？或許是妥協，或許是扭曲，但可以肯定的是，最終我會恨自己。過去幾年我曾經妥協，事實證明很痛苦，他們要的我都沒辦法給，這已經是我如何選擇自己人生的時候了。

我突然覺得，如果我只是一個工讀生，或者一名工友，那麼去祕魯當志工這件事會引起軒然大波嗎？肯定不會，但這是什麼道理呢？

不論如何，現在我正在擺脫社會對「醫生」的期待和枷鎖。

# 再見了，台灣

這不是場華麗的冒險，也不是場深具愛心的壯舉。
我喜歡旅行，把去祕魯當志工詮釋為廣義的旅行，順便看看能做點什麼。

## 離別的時刻到了

我是一個對人事時地物記性很差的人，但是那天晚上的記憶卻栩栩如生。
二〇一一年一月九日的晚上，宜蘭仍是老樣子，下著一點小雨；家裡的晚餐也是老樣子，我端著碗公配電視吃。
「都整理好了沒啊？」媽在餐桌上問。
「早就都弄好了啦！」一個七十五公升大背包加上隨身背包。
我要出走時才發現，真正需要的東西其實不多。
出門前，我把大背包從房間搬下來。
「你得愛卡細哩咧（你要小心一點）。」阿嬤幫我調整好背包。

「知啦。你卡保重せ得厚（知道啦。你保重一點就好）。」我順手把外套拉鍊拉上。

就在這節骨眼上，拉鍊壞了。

阿嬤從抽屜拿出一節蠟燭，在脫節的拉鍊塗上一片蠟。

「啊ㄋㄟ甘五效（這樣有效嗎）？」

「五啦！」

「哩厚伊呷底欉啦（你讓他自己弄）！」爸突然出聲。「自己出門，這些小事要學會怎麼用。」他留下這句話。

不知為什麼，那一幕到現在我都還記得。

其實一直都是這樣。沒說什麼也沒有特別的情緒，但偶爾有些記憶片段搖啊晃的，就留了下來。

爸開車載我從宜蘭南方澳到羅東車站，車上還有媽陪同送行。

車子開在省道上，我突然想起考上大學那年，他開車送我到台中的情形。家裡有一輛車，在我小一就買了，十幾年來都只在蘭陽平原活動。甚至，大部分的時間都停在車庫裡；直到上大學的那一天，才第一次開出宜蘭縣。那時雪山隧道還沒通，從濱海公路一路繞到基隆再接中山高。在這一段不算短的路上，當時開車的他是什麼心情？現在的他又是什麼心情？

國小的時候，有一次全家不知去東澳還是南澳玩，反正是一個比南方澳更南的地方；那是個還有平快車的年代，我們坐火車回家。

平快車真的不是令人舒適的車種，我坐在那綠色的塑膠皮座椅上，隨著巨大的噪音劇烈晃動，尤其過隧道時燃燒柴油所產生的惡臭，到現在都還令人做噁。

我玩得好累好想睡覺，便躺在爸爸的大腿上，那是第一次感受到爸爸的體溫；但那個溫度，那個畫面即使過了二十多年仍記憶鮮明。

這件事成為腦海裡唯一的父子畫面。

爸工專畢業後就在自家開的鐵工廠修補漁船；我們對社會議題的看法完全相左；我不了解父親，很少做兒子的真正了解自己的父親吧！

路途中，我們的對話斷斷續續。他叮嚀幾句生活小細節，我看著窗外隨口應著；但話鋒一轉，他突然冒出一句，「你先去個一年，然後回來好好把住院醫師做完，拿到專科執照……」

「事發」至今，他對這件事情仍難以釋懷。

「我沒有要回來當醫生的意思。」我很冷靜地說完這句。

媽反而一路沉默，猜想她對我應該死心了吧！

「媽，你還好嗎？」

「怎麼會好？再往壞處想真的會得憂鬱症了。」

「那你就不要想啊！」

「我退而求其次想，至少你沒做壞事，沒遊手好閒，也慶幸家裡沒負債，算了，當我生了一個『特別』的兒子。」

「喔，這樣想也好！」

下車後，我說了一聲「掰！」轉身離開，彼此沒有擁抱，我們家不來這一套；在一家人複雜又糾結的情緒中，我踏上征途。

## 一切從出走開始

「為什麼要出走？」一堆人問。

各式各樣的原因都曾經閃過我的腦海，試圖尋找一個讓這趟旅程有著較為冠冕堂皇的理由；但真的沒有。

這不是場華麗的冒險，也不是場深具愛心的壯舉。這架班機容不下這麼了不起的人生煙火秀，我真的只是愛玩而已。

我喜歡旅行，把去祕魯當志工詮釋為廣義的旅行，順便看看能做點什麼。

在飛機起飛的那一刻，我望著窗外，默唸了一句：

「再見了，台灣。」

# 之二 灰沙中的明日山城

## 就是這裡了

在一片鐵灰色中，我在唯一一棟有顏色的建築物前停下腳步。

這建築物以藍色為基底，外牆塗滿各種可愛的圖案，顯得特別搶眼。

我知道，就是這裡了。

### 萬水千山，飛抵祕魯

這一趟行程從香港轉洛杉磯；在香港赤鱲角機場待機四個小時之後，CX882帶我離開香港前往洛杉磯。晚餐過後只剩昏黃的小燈，還有機上自成一格的隆隆聲響。我到現在還是很享受擠在小小的經濟艙座位上那種莫名的安全感。看完幾部無趣的好萊塢電影後，下意識地翻起隨身攜帶的那本《萬水千山走遍》。這本書出版至今已經十年了，三毛平平淡淡卻又充滿人文關懷的文字，讓我對南美洲浮現了某種程度的幻想。

到洛杉磯是下午兩點，從這邊要再飛往墨西哥，再轉機到祕魯。算了算，還有二十二個小時。嗯……有得等了。洛杉磯國際機場是美西吞吐量最大的機場，相較於台灣桃園機場的兩個航廈，這裡有九個，規模可見一般。中東人、亞洲人、非洲人、歐洲人、南美洲人……每年有超過六千萬的旅客造訪與離開；機場裡上演著人生的相聚與分離。它是世界的縮影，也是人生的縮影。

我不顧周圍親朋好友的想法、不考慮家裡長者的意見，揹起行囊，為的只是自私地順從自己來一場小小的冒險與叛逆嗎？而我目前唯一擁有的，也就是這樣的冒險與叛逆了。

抵達祕魯的利馬（Lima）機場已經是兩天後的凌晨。我在網路上讀過一篇文章，利馬的國際班機大都在晚上九點以後抵達，很多背包客會直接留在機場再轉搭清晨飛機離開（例如去庫斯科Cusco），所以利馬機場可說是愈夜愈美麗。

果不其然，半夜兩點幾乎所有的商店都還開著，燈火通明，人潮擁擠，其中很多躺在機場睡覺的背包客。我到機場二樓的星巴克點杯咖啡，跟店員要無線網路的密碼，上網後我收到Ema的訊息。

早先決定來祕魯時，阿貴老師引薦Ema給我認識。她是住在利馬的台灣人，我們一直保持e-mail聯絡。她看了我的行程後，強烈阻止我去住原先預訂的hostel。

「你要住Callo市？不要啦！太危險了！會被搶啦！你在機場等！我早上去接你！」

看到這封信還真的嚇了一跳。「還好，有先上網收信。」

一早六點，Ema送我去Miraflores區，一個觀光客聚集的區域。我們隨便找了間旅館先安頓。不得不說，在經歷四天漫長的轉機之後終於可以洗個澡，眼淚會像蓮蓬頭的水一樣停不下來。說來有點誇張，不過我的確是站在蓮蓬頭底下，好好的享受淋浴帶來的舒暢，洗完澡的感覺真好。

利馬離我要當志工的阿雷基帕市（Arequipa）車程約二十個小時，我打算坐夜車以省下一晚住宿費。但Ema又說了：「搭夜車不妥喔！聽說有很多背包客被搶過喔！」「還有新聞報導，司機太累，一個打盹，車子就開進海裡了。」聽來怪恐怖的，人生地不熟，還是先乖乖聽當地人的勸，改搭隔天一大早的車。

南十字星號（CRUZ DEL SUR，祕魯最貴的長程巴士公司，座位好、食物棒）一路往南，這裡的房屋如同一個長型的菸盒堆放在一起，偶爾有小溪流的地方才會出現灌溉植物。在行經伊卡（Ica）、納斯卡（Nasca）之後，道路瞬間開展到了海邊。Ema說得沒錯，這的確是一場驚奇的風景，往左看是無盡的沙漠，往右看是一望無際的太平洋，巴士走在中間，這景象非常特殊，柏油路卻也將界限用力地畫到天際。

## 「白色山城」阿雷基帕

我在一月十四日深夜抵達阿雷基帕。在來之前知道有一個台灣人Wesley，早在二〇一〇年九月一退伍就過來（預計二〇一一年三月離開），小我四、五歲，當晚他開車來接我去志工宿舍。

志工宿舍位在市中心，是一間西式獨棟的大房子，有三層樓，好幾間房子，兩三個志工睡一間，屋內有電視、客廳、廚房，比想像中好太多了；但得自付房租，一天七美金，月租約兩百美金（約合台幣六千元），三餐自理。

初來乍到，Anna（志工協調員，處理國際志工的行政事務）帶我向大家自介紹，「我叫Li（李尚儒），來自台灣。」Anna補充說：「他是醫生。」

「哇噻，Dr. Li！」有人發出驚呼，有人睜大眼睛，其他人則分別跟我打招呼：「嗨，我是Jos，來自荷蘭，但住在澳洲，這是我最後兩個星期了。」「嗨，我是Luke，來自紐西蘭，預計待八個月。」「你好嗎？我叫Elly，來自澳洲，以前是老師，比你早到兩個月，很高興認識你。」有的握手、有的拍肩，說話腔調也各式各樣，聽得頭眼昏花，要是再多一點的交談我可能就撐不住了。

阿雷基帕是祕魯第二大城、南部第一大城。海拔二三三五公尺，人口將近一百萬，周圍有Chachani和Misti兩座很有名的活火山，和全世界最深的峽谷。市中心有很多白色建築物，因為火山岩多半是乳白色之故，以此做為石材蓋成的大量建築讓這座城市被稱為「白色山城」。

我的工作地點叫Villa Flora Tristan（佛洛拉・特里斯坦），「Villa」類似台灣「鄰里」的分類等級，位於偏遠郊區，離阿雷基帕十三・九公里，車程約四十分鐘。隔天下午我便跟其他志工們一起搭公車過去。

這裡的公車比台灣九人坐的小巴大一點，但都是日本的二手車，車身很矮，高大的乘客得彎腰低頭才行。座椅約四、五排，由於車小人多，即使每十五分鐘一班，還是班班客滿，一班車可擠二十幾人，甚至趕車的就直接「掛」在門外了。

「車掌」的位置也在門外，類似舊金山的叮噹車。車掌會沿途喊經過的路名和地方，隨時問：「下車下車，有沒有人要下車？」乘客隨叫司機隨停，由於沒有站牌，通常都停在轉角處，這時下車的人得穿過人群，衝出重圍，從裡面擠出來。

「白色山城」阿雷基帕，祕魯的第二大城。

當地交通真的不是開玩笑的混亂。紅綠燈？僅供參考。交通警察？除了吹吹哨子什麼都不做。前車貼後車，喇叭聲、叫罵聲此起彼落。

## 下課後的英語學校

車子開二、三十分鐘後，沿途五顏六色的商業建築逐漸單調，到剩下絕大多數的灰色，柏油路分支出去的道路變成了碎石子路；房子愈來愈矮，愈來愈破舊；最後柏油路沒了、路面顛頗難行時，「下車囉！」一名志工說。車費不論路程遠近，票價約台幣七元。

眼前一片鐵灰色，地上鋪滿碎石塊，風沙很大，沿路還遇到不少採砂石工人，有些大孩子就跟在旁邊推著工地用的推車。我來之前從網路上看過這裡的環境，雖然有心理準備，但親眼目睹的感覺還是不太一樣。

這社區也有雜貨店，類似台灣的柑仔店，房子大多一層樓，只有極少數兩層，有些家庭有電視。我看到有些孩子們在空地放風箏、踢足球、打陀螺……

十分鐘的砂石路之後，我在唯一一棟有顏色的建築物前停下腳步。這建築物以藍色為基底，外牆塗滿各種可愛的圖案，顯得特別搶眼。

「就是這裡了。」Anna說。

學校的右邊是一條馬路，馬路的右邊是一個堆積砂石的大渠溝，由於當地長年乾燥，渠溝沒有水流過。再過去就是一座砂石山，後來被一家私人公司買下，他們偶爾會用炸彈把石頭炸碎，製造小山崩，下面有個巨大的鐵篩子，篩選他們要的石頭，有時會冒出粉塵和白煙；但離教室有一段距離，所以還不至於煙霧彌漫或塵土飛揚。

這所「英語學校」源於二〇〇七年一名英國女子Jay來祕魯旅行，在偶然的機會下接觸了阿雷基帕這個窮困社區；一位當地從事旅遊業的男子Luis協助她以教導英文為名蓋了一間小學校，登記為Traveller Not Tourist（TNT）非營利組織，分「英語學校」和「孤兒院」兩個部門，藉此招募各國志工來這裡教英文，陪孩子做功課、玩耍。但隔年Jay懷孕，於是兩人雙宿雙飛到英國定居，再也沒回來過，這裡的運作改由Luis的姊姊Carmen負責。

建校之初只是一間小教室，後來才由其他的國際志工擴建為現在的「規模」。我環顧「英語學校」的校區，其實面積很小，只有一百八十平方公尺，約半個籃球場大。學校呈L形，兩邊分別有兩大兩小的教室，L形開口那部分是中庭、儲藏室、工具間和廁所，學校的集會和活動都在中庭舉行。

學生三三兩兩地走進去，時間將近下午三點。這不是正規學校，比較類似台灣的

「英語學校」的藍色外牆，塗滿了各種可愛的圖案。

安親班，是讓社區周圍四、五所學校小朋友下課後有個學英文的地方，當地人稱「英語學校」。

這裡的學生約四十多人，年齡從四歲到十三歲不等，依程度分四班，最好的是class 3，人數最少；程度最弱的是幼幼班，其次是class 1和class 2，班導師就是國際志工；只要想學英文的孩子都可以來，而且「來者不拒」，完全免費。

祕魯正規小學上課時間比台灣短，從早上八點到下午兩點，由於學生都住在附近，走路來的時間短則幾分鐘、長則十五分鐘，因此小朋友放學後先回家換衣服、吃飯，三點之前再來英語學校上課。

我從市區搭車到英語學校可以感受貧富差距之大。市中心看到的小朋友穿著光鮮亮麗，但這裡只有少數是乾淨的，有些孩子好幾天沒洗澡，而穿著破舊或穿哥哥姊姊過大尺寸衣服者，大有人在，有的掛著鼻涕，鞋子也破個洞，而且布滿灰塵；由於風沙大，連志工的鞋子都是灰塵。

他們的英文程度普遍不好，但在正規學校裡，英文成績幾乎是班上最好的。

「Li，你覺得怎樣？」Anna問。

「小朋友看起來好可愛，好像很多有畫畫天分，而且一個班級有兩個志工帶，感覺教學品質還不錯。」

「這邊就是志工自己設計教材，不限定你用什麼教材上課，你盡可發揮創意讓小朋友學英文。」Anna解釋道。

我被安排在Jos的班級當助理，Jos當天以電腦教學，雖然學校設備不好，但還好有Power Point可以用，另外影片也最容易吸引小朋友的注意力，原本七嘴八舌的孩子們，只要老師一秀出影片，彷彿施展魔法一般，現場立刻安靜下來。

剛開始我的工作是幫忙發教材、管理秩序、點名……等等。

但兩個禮拜後，Jos回澳洲，我則變成幼幼班的班導師了。

# 我是老師，我教「幼幼班」

在這裡，一扇單薄的鐵皮門內外就是「家」的定義。
這就是當地人所稱的「新興社區」——外人口中的貧民窟。

## 從學會「可愛版」說話開始

我班上有八個孩子，都是三到五歲的小小孩，如果要一板一眼點名也挺累人。祕魯人的名字都冠上父母的姓，有四個字，例如Ruth Pienina Gutirren Mogonero，她的「第一個名」是Ruth，「第二個名」Pienina，第三個字Gutirren是爸爸的姓，最後一個Mogonero是媽媽的姓。如果連名帶姓地點，全部叫完一圈也準備下課了。一般而言都只喚孩子第一個名，除非抓狂起來才會叫全名，所以聽到全名時，就是大事不妙的時候了。

「Good afternoon, everyone.」

「Good afternoon, teacher.」

「How are you today?」

「I am happy.」

通常這是上課的開場白。

教幼幼班只需要簡單的英文單字，例如請、對不起、坐下、起立、安靜、開門、數字、顏色……

這裡的西文口語只要在字尾加ito（陽性）或加ita（陰性）就成了「可愛版」，比如說：

果汁：jugo → juguito

白紙：papel → papelito

一開始聽不習慣還會錯愕，「啥？那是什麼？」媽媽們才笑著解釋。時間一久，我講話自然也使用「幼幼版」的說話方式。

其實我對於幼幼班不太會用填鴨式的方式教英文，我們的設計原意是希望小朋友可以在年幼的時候「習慣」第二語言的

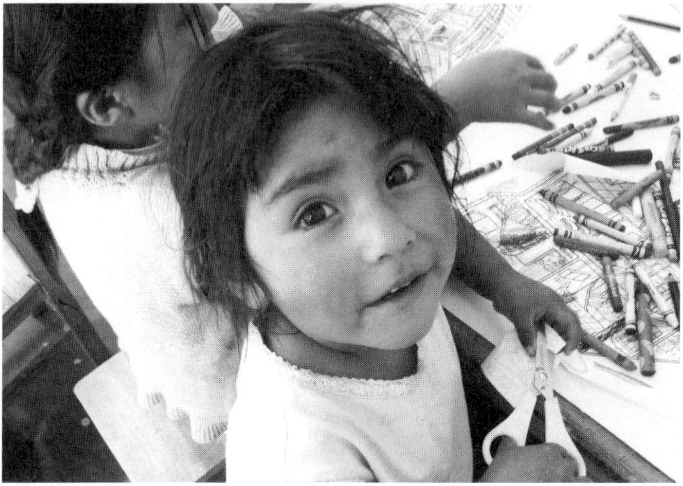
透過畫畫，也可以教幼幼班孩子學英文。

存在，等他們年紀再大一點，真的有辦法系統化地學英文就比較容易學了。畫畫、音樂、遊戲，簡單來說就是朝「寓教於樂」的方向走，既可玩又可學，例如畫畫時，我說blue，他們就要畫藍色，我說yellow，就要畫黃色，教室的顏色很豐富，牆壁貼滿塗得花花綠綠的作品。

我上完一天的課就發現，他們最愛的是「比賽」。

某一天，我們把課桌椅排成ㄇ字形，我坐在ㄇ字形中心，把一大盆積木和動物模型混在一起；而小朋友坐在ㄇ字形的外圍。我按照順序拿出積木一個一個問：

「What color of this toy brick ?」

「What animal is this ?」

小朋友如果答對了，就可以得到我手中的積木（或是動物），問完一圈再問第二輪，答對的小朋友手中的積木或是動物會愈來愈多，就可以各自組合成自己想要的動物園、房子、牧場等等。

一個小時的「英文課」對幼幼班來說就是玩耍、畫畫、勞作，但是對大小孩們負擔就有一點重了，想像一下你每天下課之後還要去上一個小時英文的樣子（台灣搞得好像這是常態）。所以四點半到五點半的「操場時間」，「他們簡直就是瘋了啊！」曾經有一個志工這樣說。

孩子們最愛可以瘋狂玩耍的「操場時間」了。

「操場時間」有一點像體育課，老師們會帶小朋友去球場打球、跳繩、玩團康遊戲或比賽。操場不在學校，而是社區的一個籃球場，只是他們很少打籃球，反倒是籃框的基座就是一個現成的足球門，在一個足球被視為國球的國度裡面，籃球框壞掉又何妨？可以拿來踢足球就好。無論如何，這裡是「縱虎歸山」的場所。

「要去操場囉！」這時幼幼班的小小孩便自動化身成裝飾品，掛在媽媽和志工的身上。

「cargarme、cargarme、cargarme……」意思就是要你抱他的意思。喔，忘了說，這裡是複數才對：要你抱他「們」。看過一串粽子吧？就是那樣，只差沒有線而已。

剛來的志工都會上當，覺得好可愛喔，抱完這個換下一個，這個揹完換下一個。話說小朋友哪有可能這麼聽話讓你一個接著一個抱，要抱的時候當然是一起來：志工的每隻腳各有一隻「無尾熊」，左邊肩膀一個，右邊兩個，懷裡躺著一個……

「Uno por uno！（一個一個來！）」我大叫著。

在「操場時間」，小女生一開始拿著跳繩隨意地跳著，到後來無聊了，開始拿跳繩當道具玩起鬼抓人（至今我還是搞不懂規則是什麼）。我把身上的「趴趴熊」交給其他志工，跑去追這些小女生。反正也不用什麼規則，就裝模作樣追著他們跑就對了。

「啊！哈哈哈！咖咖咖！啊啊啊……」Lucero的典型笑聲。

年紀大一點的幾個女生就是坐在高處閒聊，拿著自己手上的韓國明星筆記本比劃著。男生們當然就是自動分組踢起足球，吵著要志工加入自己的球隊而不是對方的。

## 古靈精怪三姊妹

Paloma、Sarah、Lucero三姊妹是學校的鎮校之寶，三雙古靈精怪的大眼簡直如出一轍，平常沒事的時候天真無邪笑起來很可愛，但調皮搞怪一起躲在教室牆後面盯著你看也可以讓你氣到沒力。

他們的媽媽Señora Maura帶著這三姊妹住在離操場旁邊不遠的小平房內。她的另一半在遠方另組家庭，頂多就是每個月拿點錢過來貼補家用。那丁點錢連「補助」都撐不上，換言之Paloma一家就是靠著政府的救濟物資在過生活的。

後來跟Señora Maura比較熟之後，我會收集志工宿舍裡可回收的瓶瓶罐罐給她，就當貼補家用。

我剛到祕魯的時候，最小的Lucero才兩歲吧？也不知道她是真害羞還是假害羞，跟著媽媽送Paloma和Sarah來英語學校的時候就是死都不肯放開媽媽的腳，有幾次乾脆巴在電線杆上不肯靠近。她愈不給抱，大家就愈愛抱，每個人都捉弄過她。

「AAAAhhh……Bajarme！（放我下來！）」Lucero尖叫伴隨著鼻音。

「Darme un beso！（親我一下！）」

「NO！」簡短有力。

「Darme un beso o no te bajas！（親我一下不然不放你走！）」

「NOOOOOOOOOO……」Lucero扭動加尖叫。

這時候Paloma就會趁機拿跳繩偷襲我的腳，然後兩個人一起尖叫跑開。

## 灰色火柴盒社區

五點半，操場時間結束。把運動器材收齊，準備回學校。有些小朋友住得比較遠的，或是不方便一個人回去的，我們也會安排志工送小朋友回家。

這一天，我隨班上一個五歲的小女孩回家。推開一扇單薄的鐵門走進一個用磚瓦圍成的院子，裡面只有幾棵仙人掌和五坪大的磚造房子。

對比於台灣厚重的金屬大門，這裡一扇單薄的鐵皮門內外就是「家」的定義，院子裡疏落的仙人掌和植物，用廢棄電線和塑膠線牽拉而成的晒衣場。屋內只有一個大空間，沒有隔間，放床、桌椅；房子外用棚子搭起來的空地可能是廁所、廚房或衛浴設備，用竹子圍起來，上面鋪一面塑膠布。

外人稱這裡為「貧民窟」，所謂「貧民窟」往往具有歧視性，當地人為了避免出現負面字眼，現在都以「Pueblo Joven」（新興社區）稱之。

從這也看得出祕魯的城市發展特色，低社經地位的居民從村落、城市外圍，為了工作機會移居到離城市比較近的地方，到原先非住宅區的地方（通常也就是荒地）劃地為王，「圈」一塊土地，就地取材。這裡盛產灰石（製造水泥的原料），他們就以此為材料，自己蓋房子，幾乎每個家都長得一

一塊薄薄的鐵皮，就是一扇門。

樣，都是清一色的灰色，看上去像火柴盒形狀，住家門口都放一堆磚石和水桶，門牌號碼是自己用油漆寫上去的。有了聚落之後去市政府註冊，申請水、電、地下水、道路等等的公共設施，而後形成一個社區。

某天下午學校結束，我把Paloma叫來。

「Paloma，這些寶特瓶是要給你媽媽的。」我邊說邊把四大袋塑膠袋綁好，雖然罐子都洗過了，但是多多少少還是有些味道。

「喔。」

「Sarah，來幫你姊拿啦！」Sarah蹦蹦跳跳地跳過來。

「Lucero你也來！」

「NO！」她躲在門後面大叫著。

「拿得動嗎？」重量不是問題，不過四大袋的寶特瓶其實跟她們姊妹倆體積看起來差不多，拿起來有一點不順手。

「嗯！」

「好，那小心拿喔！」

我送他們姊妹出校門，然後看她們走回家去。

這時候我突然想到，Paloma才四歲，Sarah三歲。

# 聽不見的天使Daniel

除了完全聽不到，Daniel就是個調皮的小男孩，很有繪畫天分。
但他跟別人的溝通只能靠比手畫腳，七年來，始終如此。

## 耳朵聽不到，怎麼上課？

我班上除了姊妹花，還有兄弟檔。

Daniel第一次到我班上，是由小他兩歲的弟弟Mateo帶來的。他說：「我哥哥是sordo（西文「聽不到」的意思）。」

Mateo就跟其他五歲的小男生沒什麼兩樣，很聰明。但Daniel有完全性的聽覺障礙，即使在他耳邊大聲說話他也聽不到，只會發出「伊伊呀呀」沒有意義的聲音，不過其他發育看起來算正常，就是個調皮的小男孩，但這種狀況下別說是英文了，連其他學習都會有問題。

我沒有帶聽障小朋友的經驗，在製作教材時，只好針對他另做一份，例如藍色，其他小朋友唸Blue，我會在他的紙上直接畫上藍色，再寫Blue。Daniel有繪畫天分，而且喜歡畫畫，他的作品都比其他人好，也比其他人畫得仔細；至於團康遊戲他完全沒障礙，可以跟大家一起玩。

其實阿雷基帕有針對聽力障礙或是口語障礙的小朋友設立特殊學校，我問Mateo：「Daniel白天有去學校上課嗎？」他點頭說「有」。

「他怎麼上課呢？」

「老師就讓他坐在後面，讓他畫畫。」

我不會手語，Daniel也不會，我們的溝通就用比手畫腳，他跟其他人溝通似乎也是如此。不過他已經七歲了，應該要到特殊學校就讀才對。某個週末，我們抱持這種想法來到他們家。

Daniel家離學校不遠，家門前有幾株傾斜的向日葵倒也很有味道。應門的是媽媽，我們簡單自我介紹後說：「我們有意願幫忙，想了解一下Daniel的狀況。不知道他小時候有沒有發過高燒？或者其他比較嚴重的疾病？」

「嗯……應該……是沒有。」媽媽好像也不確定。

「有沒有去看過醫生？」

「嗯……沒有。」疑惑指數乘以二。

「那有沒有其他什麼不正常的狀況？」

「嗯……應該……沒有……吧！」指數爆表，無法測量。

「那學校的狀況怎樣？」這總該知道了吧。

「老師好像就是讓他坐在後面，用比的跟他說要幹嘛。」

「那是特殊學校嗎？老師會手語嗎？」

「不是，就是普通學校。老師也不會手語。」

好的，了解。我們跟媽媽解釋：「我們想先帶Daniel去醫院檢查，然後尋找阿雷基帕地區的公家特殊教育資源，或許對Daniel會有一些幫助。」媽媽有點疑惑，但含糊地說：「喔，好啊！」

## 帶著Daniel尋找專門學校

隔了一週，我們帶Daniel去一間專門診治小朋友聽力與語言問題的小兒科診所檢查。這家診所有挑高兩層樓設計，稱得上豪華級的，診所占地約兩個幼稚園大，有戶外遊樂設施、等候區和掛號櫃檯，診間窗明几淨，雖然沒有太多特殊儀器，但跟台灣比起來豪華的程度也不遑多讓。

為Daniel檢查的是一位耳鼻喉科醫師。他僅簡單地用了耳鏡看一下他的耳朵，再做一些理學檢查。

「狀況怎樣？」

「目前看來這孩子是聽不到沒錯，但是神經性的失聰還是傳導性失聰就得做其他檢查才知道。不過這些都得額外檢查才行。」

「額外檢查大概要多少錢？」

「其實這些檢查都不是重點，重點是這個小朋友已經七歲了。你們說他從來沒有接受過檢查，對吧？這才是最令人擔心的地方。如果你是媽媽，會讓你兒子七年都不接受檢查嗎？他不管是哪一種原因失聰，早就該去特殊學校了；拖到現在才來，我覺得媽媽也有問題。」

在這社區，媽媽的教育程度都不高，所以我們幫媽媽稍作辯護：「她只是不知道有什麼聽障方面的資源可以運用罷了。」

「我們的目的就是希望這個孩子能去特殊學校就讀，倒不一定追根究柢要知道失聰的原因，只是想確定這個小朋友有什麼問題，再找學校讓他念，如此而已。」醫生講了一堆，最後的重點是要小朋友學手語，以便跟其他人溝通。

離開前，醫生寫下兩間特殊學校。一間太遠，不考慮；另一間靠近市區，是個不錯的選擇。

「基本上他要入學應該不是什麼問題，如果學校需要什麼檢查或是證明，你們再回來吧！不過，我還是覺得媽媽是個問題。」醫生又重申了一次他的疑慮。

我回去跟媽媽解釋醫生的看法，「我會幫忙找到學校讓Daniel上學。」她說「好」。

星期一，我依照地址找到了這間特殊學校。

一個台灣人的造訪讓院長嚇了一跳，小朋友則是蠢蠢欲動。我在辦公室跟院方談話的過程，不斷有小朋友進進出出，目的就只是要偷瞄我這個東方人而已（想要當大明星？歡迎來阿雷基帕市）。

我簡單說明來意後，院長很友善地解釋這所公立學校的狀況：入學費用非常低，一年不到一千五百元台幣；以Daniel的狀況也不用做其他檢查，只要家長負責接送、備妥簡單證件即可。

我回學校向志工簡報今天的拜訪狀況後，Elly表示願意長期幫忙支付這筆學費，「這太棒了！」這下子所有的問題都解決了。

當天下午我就去跟他媽媽講這個好消息，沒想到她一聽到「負責接送」就猶豫了。「我還要照顧Mateo，可能沒辦法接Daniel上下學耶！」媽媽猶豫的態度讓我很疑惑。

我只好返回特殊學校，問校方是否有校車接送。剛好有一個老師順路，願意載Daniel一程，但媽媽仍面有難色，卻也沒說不好。「喔……那……好……我下星期放假再回老家拿Daniel的身分證。」

媽媽不是本地人，小朋友的身分證放在老家。好吧，反正下個星期正值祕魯連假，那就下星期再看看。

連假結束，我又站在這個向日葵盛開的大門。

「媽媽，有拿到文件嗎？」

「呃……我沒有回去拿耶！」我開始覺得她想打混仗。

「為什麼？」

「嗯……沒有啦，如果讓Daniel去念那個學校，我就沒辦法照顧Mateo了。所以，Daniel放在你班上就好，可能不去了。」

我傻眼。那位老醫生說的話這時候在我腦袋裡重播中：「媽媽才是那個問題……」

## 媽媽，期待你回心轉意

後天，Daniel跟Mateo就沒有來學校了。他們家離學校很近，我常常會在社區碰到Mateo跟Daniel在空地玩耍。最近一次見到他時，他正在跟著一群三、五歲的孩子玩，一群人衝著我喊：「Teacher！Teacher！」

「他是聾子！是聾子！」一個三歲的小女生拉著我的手指著Daniel說。

「不可以這樣子指著別人說話。」我輕聲說道。

「可是他就是聾子啊！他是！」

「我知道，但是不可以這樣子指著別人。就算他聽不見也不可以這樣子。」

這不是第一次了，之前在學校的時候就有小朋友衝著他叫聾子。我很嚴肅地跟小朋友說：「他是聽不到，但並不代表你可以指著他叫他聾子。他有名字，他叫Daniel。」

關於對聽障的歧視我研究不深，針對一個聽不見的人喊他聾子是在陳述事實還是一種歧視？相信小朋友並非出自於嘲笑（或許有一些是）而這樣呼喊他。

我不知道當初他媽媽拒絕真正的動機是什麼，如果讓Daniel進特殊學校至少可以學手語，也許可以學會講話，也許會有一點點生活能力，甚至未來有工作。

而現階段，唯一有能力改變現況的，就只有他的爸媽了。

每次看到Daniel跟爸媽外出時，我都有一點點小小的期待，希望他們是去那間在市區的特殊學校。

# Elly，我的好友

她是我在阿雷基帕最好的朋友，個性跟我一樣固執，而且講的話彼此都「懂」。常常，我們只要光喊對方的名字就很快樂。

## 「有福同享，有難同當」的默契

從學校回到志工宿舍，我發現鞋子、衣服、包包都布滿灰塵，全身髒兮兮的。

「牛仔褲要洗嗎？」正在猶豫的當下，Elly走過來，拍拍我的肩膀說：「洗吧！這裡很乾燥，洗牛仔褲根本不用擰，明天就乾囉！」

真有這麼神奇？

我試著把洗完的牛仔褲掛起來晾，哇塞，隔天真的乾了。

Elly說，她剛來時對阿雷基帕乾燥的氣候很不適應，有的志工皮膚乾裂要按三餐擦護手霜，有的甚至流鼻血。「你呢？有什麼症狀嗎？」

「完全沒有。」我適應陌生環境的能力超強，像在這海拔兩千多公尺的高原，也沒有高山症的問題，「我唯一不適應的是公園裡的草泥馬（Alpaca）。」

話說，有一天我帶台灣來的朋友到近郊一間羊毛工廠參觀。我跟他們介紹「草泥馬」的毛可以賺錢、肉可以吃、身體可以負重……有很高的經濟價值。這時剛好有一隻草泥馬走過來，我高興地指著牠說：「ㄟ，看到沒……」說時遲那時快，牠老兄一個不爽，竟往我身上吐口水，瞬間，我整身都是綠色的青草汁（牠吃草），氣得大罵髒話，朋友們也看得目瞪口呆，有的甚至笑到肚子痛；我不甘受辱，找到旁邊的水管直接噴牠，猛烈還擊。

Elly聽得哈哈大笑。

她是我在阿雷基帕最好的朋友。

Elly早我兩個月來，計畫待一年，來祕魯當國際志工的情況跟我類似。她原本是澳洲一所私立學校的英文老師，但日子過得不愉快，便毅然決然辭職，說走就走，個性跟我一樣固執。

由於我們年紀相近，都有幾年的工作經驗，做事態度一致，而且講的話彼此都「懂」，所以很快熟絡起來，進而變成知己。

笑得很燦爛的Elly。

我們在學校習慣「呼喊」對方的名字。比如我在這一角落忙，她在另一端，我只要遇到困難隔空大喊：「Elly!」下一分鐘她就會出現；Elly如果碰到家長說一連串的西文（她西文不好），她會大叫：「Li!」我馬上飛奔過去。有一次在廚房做晚餐談到這件事，我們都覺得光喊對方的名字就很快樂。

我們幾乎每天一起上下班。週五下班後偶爾（通常是週六）會一起去市場（類似蔬菜批發超市）買菜，回家一起做菜。那裡的蔬菜水果非常便宜，我一買就是一個禮拜的量，有雞腿、白米、高麗菜、紅蘿蔔、花椰菜、洋蔥……約四十塊索爾，合台幣約五百元（一索爾約等於十二元台幣）。

Elly是一個不太會煮菜的人，她雖然也買番茄、馬鈴薯之類的主食，但更常買一些異想天開、叫不出名字的怪東西，亂煮一通，把煮熟的食材放在義大利麵裡混著番茄醬吃，所以她對我能煮出一道道端得上檯面的菜，嘖嘖稱奇。

「要不要過來嚐一嚐？」每次煮完之後，我總會這樣問她。

「我要吃這個！」她對高麗菜特別感興趣。

「味道如何？」

「這是高麗菜？你怎麼做？好好吃！」

我先用蒜頭爆香，放入切片的高麗菜，加水，蓋鍋蓋燜，幾分鐘後再調味即可。但Elly沒有做菜的慧根，即使一個步驟一個步驟地教，她還是做不出來。有一次，她要了半顆高麗菜，我好奇她會怎麼處理，結果，她切絲，竟做出一道西式口味的「涼拌沙拉」，「這樣也不錯喔！」

Elly的三餐吃得很簡單，甚至只要土司、果醬和果汁，就是一餐了。但我的晚餐要大費周章：洗米、挑菜、切塊、炒菜……各國志工擺在餐桌上的食物，就屬我的最特別。

由於亞洲移民人數眾多的關係，祕魯的飲食文化混雜了不少中式色彩，Chifa（吃飯）的招牌到處都有。說是中式炒飯，其實是一道用大量醬油、蛋末、碎蔥和白飯炒出來的料理。

別鬧了，這叫中式料理？我煮的都比較好吃。

祕魯菜在南美洲料理可說是有名的。Ceviche、Chicharron、Adobo等等，我曾經在利馬吃過一桌精緻祕魯料理，「¡Qué delicioso！（超好吃的！）」

不過，要說最喜歡的，還是「aji de gallina」。

Gallina是雞絲，拌飯（或馬鈴薯）和水煮蛋，醬汁由洋蔥、大蒜、辣椒、橄欖油、花生、麵包屑等打成汁再淋上去，外觀看起來像台灣的「咖哩飯」，但味道不太一樣，超好吃。我喜歡它的另一個原因是這一道可以不放馬鈴薯，它是祕魯菜中極少數可以不放馬鈴薯的食物。這道「aji de gallina」在路邊攤、餐廳到處都買得到，一份從台幣四十元到上百元都有。

## 「驗孕棒」的西班牙文怎麼說？

我們常在廚房吃晚餐，聊天談心。有一天，Elly突然說：「最近身體很不舒服，常會肚子痛，有時想吐……」由於她菸抽得很凶，伴隨著一長串的咳嗽，我勸她：「你還是去醫院看一下好了。」

某天中午，她從醫院打電話到辦公室給Anna。「I need you right now.」聲音很急迫。「Right now ?」Anna衝去醫院，表示事態嚴重。

當晚（星期二）照例開志工會議。開完會，Elly隔桌向我招手，意思是「過來」，感覺有祕密要說。我走過去，她直接拉我進房間，神情略為緊張地喊了一聲：「Dr. Li（李醫生）。」稱謂不太對勁喔，我感覺事有蹊蹺，問她怎麼了。

Elly拿出一張紙給我看，「你應該看得懂吧！」那是一張超音波報告，我張大嘴巴叫出來：「What ?」她緊張地問：「真的懷孕了？對吧？」廢話，這麼明顯，看起來已經有六、七週了。

孩子是她跟Adolfo Salas——我的西班牙文老師的。

Elly的緊張超過喜悅，因為之前她幾乎天天抽菸喝酒，很擔心小baby受到影響，「真的百分之百是嗎？有沒有誤判的可能？」老實說，機率極低，幾乎不可能，但為了再確認，我陪她到二十四小時藥局去買驗孕棒。

「驗孕棒……驗孕棒？」結果我們都不知道「驗孕棒」的西班牙文該怎麼講，只好指著Elly的肚子，比手畫腳，「她可能懷孕了，所以需要一根……」店員馬上聽懂，用曖昧的眼神看我，我搖搖頭說：「不是我的。」

我們買回去之後，驗孕棒馬上顯示二條線。

Elly問為什麼，「不是要等一會兒嗎？」我猜是因為她體內的濃度夠高，所以很快就顯示出來了。

Elly的心情喜憂參半，後來我才知道她患有「多囊性卵巢症候群」，基本上很難懷孕，所以她很珍惜這個新生命，但更擔心寶寶受影響。「Dr. Li，我可以生出健康的寶寶嗎？」我說，現在起，不能再抽菸喝酒了，「那需要多做什麼？」我說：「不要擔心、不要擔心、不要擔心、不要擔心……不要擔心已經發生過的事，因為無法改變什麼；但從現在起一定要好好注意身體，放寬心當個快樂的孕婦，正常作息，這樣就好。」

隔天到學校，我告訴Elly：「你除了教小朋友之外，其餘的工作都交給我，像提水、拿重物……統統不准。」

她微笑點頭說好。

Elly懷孕與我唯一的關聯是，她決定提早至九月返回澳洲。

這裡有個不成文規定，誰待最久誰就是「校長」，我即將接下「校長」一職；由於校長行政工作繁重，我在教了九個多月的幼幼班後，就不再擔任班導師。在Elly離開之前，學校重要的決策都由我們兩人共同討論、決定。但是九月之後，就只剩下我一個人了。

# 我成了英語學校的校長

第一個到校開門，最後一個離校鎖門……
「校長」的一天工作加上通勤時間經常超過十二小時，但我甘之如飴。

## 校長兼工友，還插花當園丁

「校長」聽起來高高在上，但實際上就只是「校長兼撞鐘」。簡單來說，所有大小事都歸我管。

下午三點上課之前，我得到學校開門，因為鑰匙歸校長；同時也要最後一個離開，因為工友要鎖門。「校長」的工作，大到主持校務會議、家長會議；小到關門、趕狗、拿衛生紙清大便，還有學校有沒有水、廁所的馬桶有沒有壞、課桌椅有沒有修好、志工有沒有準時上課，加上調教具（例如某班臨時要二十支剪刀，要如何收集準備之類）、辦講座、做廣告宣傳、整理花圃……一天工作加上通勤時間經常超過十二小時，生活忙碌而充實。

學校有一塊荒廢已久的小花圃，因為沒有人照顧，再加上這裡土質不好（全都是砂石，能好到哪），所以頂多只有兩株仙人掌。我去市場買些花跟樹苗，每天將切菜剩下的菜葉或廚餘帶到學校當堆肥，「儘可能」地澆水——水在這裡可是重要資源，花圃的重要性擺在馬桶衛生之後——最後倒也種出了點小成績：一片小花圃裡，除了花，竟然還種出青蔥，成了校園難得一見的景色。

我的工作還包括調整雨季的上課時間。

基本上這裡不太有「四季」的概念，約略區分成「乾季」和「雨季」而已。乾季萬里晴空，恆常的蔚藍晴空，氣溫約攝氏十度到二十五度，舒適宜人。阿雷基帕的天氣「有口皆碑」，除了雨季之外。

雨季集中在十一月到一月間，連續三個月左右的午後雷陣雨。

也許一年只有兩、三個月的雨季，市政府並也就不在乎下水道工程，市區到處淹水，沒有柏油路的社區更不用提；大雨沖刷出一條河流，把社區周圍的砂石直接往市區裡沖，成了祕魯版的土石流。

雨季上課對老師是惡夢一場。三點的午後雷陣雨正好是英語學校的上課時間，教室的牆壁材質不太好，漏水和發霉都是問題；屋頂更慘，由於當初只用便宜的波浪形鐵皮搭建，所以下雨天特別吵，老師講話的聲音永遠被雨聲淹沒。

我們研擬雨季的上課時間很久了。其實雨季也正好是小朋友的暑假，所以我們把下午的課移到白天上；而且暑假小朋友的人數也會暴增，幾乎是平常的兩到三倍，調整成白天上課的好處是天氣好，也可以利用戶外場地進行課程。

有時候學校也會因應小朋友的暑假作業、人數和英語課程安排一些活動。比如有些小朋友暑假作業中要求的實驗課程，這對物資缺乏的小朋友就造成小小的困擾。志工們會在網路上搜尋一些比較簡單、易做的物理或化學實驗，我們做過馬鈴薯燈泡、可口可樂火山、檸檬水寫字等等。實驗課大概是最熱門的吧，其中的「可口可樂火山」是小朋友的最愛，就是在可口可樂裡放一顆曼陀珠，在化學反應下讓氣體一擁而上，整個氣泡往上衝，噴得很高，感覺像爆炸，小朋友一哄而散，遠遠的觀賞，開心極了……

## 終於學會修馬桶

雨季最大的好處就是不缺水。

但雨季只有短短的三個月，其他日子該怎麼辦？

學校沒有水龍頭，一般家庭也都沒有，但約每二十幾戶人家就有一個「公用水龍頭」供應那一帶的居民用水。「有趣」的是，固定供水時間是凌晨三點到五點，家家戶戶（大部分是媽媽）就得排隊裝水。但我們並不住學校附近，怎麼辦呢？所以只好拜託跟學校關係比較好的幾位媽媽幫忙儲兩桶水，每天下午我再去他們家把水提回來。

不過，從任何地方到學校都是布滿碎石子路的上坡路段，兩手提每桶十五公升的水，非常辛苦。

這兩桶水，一桶洗手，一桶沖廁所。

這間學校每天有超過八十個小朋友、十個家長和六到十名不等的志工，但只有一間不能沖水的馬桶；就更別提因人數眾多造成洗手、沖洗、「瞄準失誤」的災難了（大小便都有）。

直到二〇一二年年中，市政府不知道在哪裡找到一個巨大的水源，整個阿雷基帕一瞬間可用水量大增，社區供水也變得比較穩定，時間拉長，幾乎隨時都有水。這對大家是超級的好消息。我直接買了一條橡皮水管，直接從水龍頭接水到學校的水塔，用水問題迎刃而解。接著下來，得搞定馬桶了。

想有乾淨的水用，每天都得帶著水桶，到公用水龍頭去排隊裝水。

我們學校擁有社區少見的抽水馬桶，就在幼幼班旁邊。少見歸少見，但是它壞了。之前供水不穩定，反正沒水，壞了也沒人理它。現在供水穩定，是修好它的時候了。

其實原先的管線還可以用，只是儲水槽和沖水系統壞了。我去買水泥版的簡易儲水槽，再想辦法把零件兜齊（沒修過馬桶永遠不會知道裡面的零件有多複雜）；雖然還會漏點水，不過足堪使用。

上完廁所可以沖水，接著下來是洗手了。

學校角落還堆著當初蓋學校時剩下的廢棄磚塊和木頭。我買了一個洗手槽和水管、水龍頭，用磚塊把洗手槽堆疊到小朋友的高度，然後把水管和水龍頭跟水塔連結起來。

「Daniel，你來試用看看。」我抓學校的招牌學生來試用兼拍照。

「還可以吧？」

「可以啊！」他試用了一下抽水馬桶和洗手槽。

「ＯＫ！ＯＫ！」

如此一來，我們在學校辦活動或辦講座就有水可以清洗了，喔耶！「好酷！」

## 醫生本色盡情發揮

英語學校不只舉辦過小朋友洗手大賽，二〇一一年我來之後也寫信給中華民國牙醫師公會募了二百支牙膏、牙刷和幾片ＤＶＤ，並辦了幾場講座，教小朋友什麼時候要刷牙，該怎麼刷牙。

「你們之前在家會刷牙嗎？」

「會。」

「有用牙膏嗎？」

「沒有。」

我想衛生這塊可能也得從家長著手，所以週六、週日我們偶爾會安排健康講座，從刷牙、洗手和營養等比較基本的講座到急救（例如ＣＰＲ）、肺結核、毒品、酒精、物質濫用等等。同一年我曾跟當地的診所合作辦一個義診，把學校變成健康檢查中心，包含內科、身心科、牙科、眼科、小兒科和婦產科，免費為婦女做子宮頸抹片檢查和看診，但在檢查過程中若發現有問題需要領藥者，只要付台幣十塊錢即可。

有一次辦講座時，Sandra的媽媽跑來找我談她的問題。她罹患慢性骨髓炎，這是一種需要長時間治療的疾病，過程中必須忍受極大的不適和疼痛。當地診所的醫生要她買消炎針回家自己打，「我……不知道該怎麼辦？」

「誰會自己在家打針啊！這也太天兵了吧！」我在心中這樣ＯＳ著，同時安慰她：「沒關係，不要擔心，我去你家幫你打針。」

後來證實，在這裡不只是止痛針，就連抗生素和類固醇都是自己在家打針注射的。如果家裡沒有醫療背景的人，怎麼知道打針的時候要怎麼消毒，還有要處理使用過的針頭？而且一天兩支止痛藥？這樣會胃潰瘍吧！（強力的消炎止痛藥會有胃潰瘍的副作用。）

接下來幾天，我每天早上跑去Sandra家打針，也順道帶了點胃藥給她。「如果胃不舒服要記得說，我再想辦法調整劑量。」

這讓我回憶起二〇一〇年臨行前打包時，我帶了不少醫藥用品過來：胃藥、抗生素、止痛藥、安眠藥、止瀉藥、軟便藥、感冒藥、抗組織胺、痠痛軟膏、肌肉鬆馳劑、碘酒、砂布，連縫合的針線都帶了。當時有同事問我：「你帶這些去祕魯幹嘛？」「備用啊，你怎麼知道會不會臨時要縫什麼東西。沒東西縫就拿來縫衣服囉！」我開玩笑地說著。

沒想到還真的用上了。

我在這裡也確實負起醫療工作。

有一次，Paloma跟一位老師比身高，志工撐起她時用力過猛，撞到天花板的燈管，燈管整支爆裂，她的頭被割了一個大概三公分的洞。其實不嚴重，但我還是請她媽媽來學校一趟。

媽媽看到楞了一下。

「我擔心她回去動一動又流血，縫一下比較好，媽媽覺得呢？」

她把決定權交給我，「嗯，好吧，我來縫。」

為了避免過多的尖叫，處理這三公分的傷口還真是花了不少時間。先噴上麻醉藥，再上藥膏，確定傷口部位沒感覺了，「Paloma，我要剪一點點頭髮喔，不會痛。」我順手拿了一本童書叫志工游游分散她的注意力。

我事前準備花了十五分鐘，結果縫只花了兩分鐘。我把抗生素藥膏拿給媽媽，「這個藥膏擦傷口，一個星期之後來拆線，這樣就可以了。」

事情傳開後，很多人只要身體不適都來找我。我把急救箱分門別類，貼上標籤，教志工和媽媽們碰到什麼可以怎麼處理，分辨什麼是緊急的，什麼不是。我能做的也就是這些了。

## 那一天，我們來到「侏羅紀公園」

來點輕鬆的。

英語學校每個月都會有一次郊遊，用以獎勵那些在月中出席率和表現良好的小朋友們；由於家長可以陪同，所以另一方面是鼓勵小朋友來學校而且表現好（可見媽媽們有多想出去玩）。阿雷基帕不是座大城市，每個月要找一個新地點辦郊遊可不是件簡單的事情。到最後，我真的沒有靈感了，於是求助於媽媽們。

「你們知道有沒有什麼可以去玩的地點嗎？」我在家長會議中問。

瀑布？不好，走換兩班車再走到瀑布都不知道幾點了。

市立公園？都不知道去過幾百次了。

游泳池？三十個小朋友跟不到十個的志工？太危險了不要。

「我聽過在Tiabaya有一個恐龍公園，好像不錯。」Brigitte的媽媽說。

恐龍公園？好主意，「我去看看。」

Tiabaya是一個離市區大概三十分鐘車程的地方，從學校到該地要一個多小時的車程。問題是，我完全找不到什麼恐龍公園在哪裡……

大白天熱得要死，也只能沿路一直問路人。

「恐龍公園？不在這邊啦！那個在Congata，很遠喔！」一個雜貨店阿婆成了我的救星，「你往前走兩條街，從那邊等往Congata的公車，坐半個小時就到了。」我買一罐礦泉水回報她。原來Brigitte的媽媽講錯地方了。

「要怎麼去？」

「你往前走兩條街，從那邊等往Congata的公車，坐半個小時就到了。」哪來的祕魯時間跟公車司機瞎耗，我又不是在玩什麼尋寶遊戲，立馬跳上計程車。

謝天謝地，一隻暴龍雕像就這樣出現在Congata的小鎮中心。我這輩子沒有這麼愛過爬蟲類動物，趕快去區公所辦文件。

「恐龍公園」雖然說週末開放時間是大家都可以免費進出的，但是，也不知道這種說晴卻是雨的國家會不會給你來個大驚喜之類的，還是乖乖到區公所辦理相關文件比較妥當。

「請問需要什麼證明文件嗎？我可以準備好明天拿過來。」

「不用不用不用，我跟老闆講一下就好。沒有問題的啦！你們星期六早上來就好！」

「真的嗎？」我對這種沒有實質保證的承諾有過太多可怕的回憶。

「¡No hay problema！（安啦！）」他們都嘛這樣說，這樣說我最怕。

那天下午我們躺在恐龍的肚皮底下吃蘋果和餅乾，大家都玩得很快樂。

「恐龍公園」的悠閒出遊。
那一天，大家真的都很開心。

志工們在草坪上休息，聽旁邊幼幼班小朋友說的「娃娃話」，頓時疲憊全消，感覺很舒服，是一個很棒的下午。

後來，在家長會議中媽媽們說：「真的很感謝Teacher Li可以帶大家到四處去走走。我們都不是阿雷基帕人，都是從外地來的，在這裡也住了十幾年了，都還不認識這個城市長什麼樣子，我的孩子也沒有機會可以去認識自己出生長大的地方。真的很謝謝你可以這樣東奔西跑幫忙找到這些地點，我們真的很開心。」

我想這樣也就夠了。

# 之三

# 小力量大奇蹟

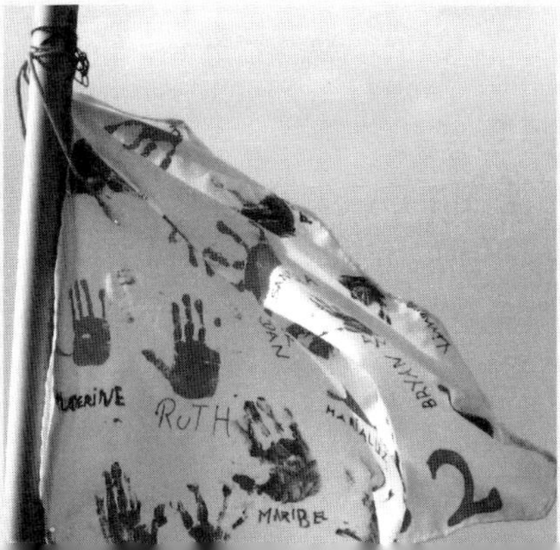

# 「祕魯高校獎學金」圓夢計畫

看著以往握著的手、笑著的孩子繼續重複他們父母的人生……
我開始思考，有沒有可能，讓這看似膠著的狀況有一點點的改變？

## 有教育，人生才有轉機

這一年來，我和其他幾位資深志工確立了許多規模和制度，設法讓學校變得名符其實，而不是只有四、五個房間的遊樂場。此外，也開始反省學校成立的初衷。「英語學校的所作所為會不會對這裡的孩子造成實質的改變？」不知道這個問題存在於多少海外志工心裡，但迴蕩在腦海許久。所有的志工抱持著各種理想從世界各地來到這物質相對較為缺乏的地方；然而五年、十年後，他們會過怎樣的生活？

有一次，我親眼看著認識的大孩子當起「車掌」，此後他再也沒來英語學校；在幾次偶然的交錯下，他站在車門邊笑著跟我揮揮手，我也笑著回應他。但為什麼總是開心不起來？為什麼內心就是有那麼一點點的感慨？

看著以往握著的手、笑著的孩子開始在公車上工作、在農田裡幫忙，或者不到十八歲就結婚生子……這世界有因為志工的加入而變好嗎？還是原地踏步？

難道我千里迢迢從台灣來祕魯，只是教教英文、陪小朋友玩耍？只能這樣而已？我們這些「外來客」坐飛機來，做了某些事情又搭飛機離去，而他們只能停留在原地用笑容迎接任何一個新來的志工，有沒有可能，讓這看似膠著的狀況有一點點的改變？

祕魯的學制分為初級學校（六年，類似台灣的國小）、次級學校（五年，類似台灣的國、高中）和高等學校（大專和大學）。次級學校畢業後得通過入學考試，才得以進入大學就讀。

學校分公立和私立，但公立學校的教育品質低落，不論師生素質、教學進度都與私立學校相差一大截，學費更是天差地遠；可想而知，是這貧窮社區的父母微薄的收入無法支付的學費，所以他們只能念便宜的公立學校。而公立學校幾乎沒有英文課，上課時數少，毫無競爭力，公立學校畢業後的學歷不可能帶給他們多有用的工作技能。英文？不會。數學？不行。物理、化學、歷史、地理？那是什麼？因此畢業後多半跟著父母一起從事剪髮、幫傭、賣菜、開公車等薪資低廉、勞力密集性的工作。生活在同樣的環境養育下一代，一樣的人生故事會繼續上演。

我的想法是，幫他們爭取比較好的教育機會，打破惡性循環。換句話說，讓想念書但沒錢的孩子去念品質稍微好一點的私立次級學校，只要能完成學業，對他們的人生已是極大的改變，這樣的學歷足以讓他們在城市求得較好的工作，再加上熟練的英文能力，很有可能在旅行社或觀光產業立足，或許可以走出跟父母親不一樣的路。

某個晚餐後，我找Elly和Anna討論這個想法：如果設立一個「獎學金」，協助成績好的學生繼續升學，「或許能為孩子們的人生帶來轉機」。但為防堵學生家長濫用獎學金，將成立獎學金專戶，獎學金直接撥給學校，意即幫孩子繳學費，專戶支出情形每年都定期公布……聽起來可行。

於是我們在志工會議中提出這個極具改變性的想法。「我們相信每個小朋友都擁有成材的種子，所以想提供機會，讓他們過更好的人生……」希望至少有一些人能得到較好的就業條件，藉此改善家庭經濟；也希望社區能相互幫助，期待拿到獎學金的小朋友長大後回饋社區。這個計畫並非全然沒有問題，但相較於沒能力推動的結構性社會改革，它至少是短期內能帶來的最大改變。

我開始走訪阿雷基帕地區的私立學校，做基本的田野調查，同時找價錢適合、教學品質不差、離社區不遠等條件，最後選中一間名為Colegio Americano Vencedor（以下簡稱Vencedor）的學校合作，意即他們願意接受英語學校送過去的優秀學生，而我們會負擔這些學生的學雜費，直到畢業為止。

至於獲得獎學金的條件是：

一、百分之七十以上的出席率。

二、參加英語學校舉辦的數學、英文、西文考試，選出成績最優者。

三、填申請書，並得到家長同意者。

## 自掏腰包贊助學生

從二〇一一年底，英語學校開始甄選，預計每年至少提名一位學生進入Vencedor就讀。

最後由Elizabeth和Percy脫穎而出。

接下來是錢的問題。由於時間很趕，再加上次級學校的學費不貴，所以一開始是由我、Wesley、Elly三個人自掏腰包，先讓這兩個學生順利就學，明年再來募款。

但圈選Percy的過程有點曲折。

祕魯有些公立學校很有趣，他們希望物盡其用，早上給初級學校的小朋友用，中午過後又搖身一變成次級學校的學堂，而Percy就在這樣的學校。他的上課時間是中午到晚上六點，想當然耳不可能天天來英語學校；而且該校教學情況非常不穩，曾發生老師集體罷工長達三個月的情形，那個學期就這樣沒了。

Elly對Percy最深的印象就在那三個月內，因為他天天來，很乖，英文程度在最高級班，學校成績屬中上，所以提名時有志工提到：「百分之七十的出席率對Percy不公平，他不能常來不是個人原因而是學校因素，不能忽略他。」

另一個志工附和：「只要是學校放假或假日活動，他能來的時間都一定來。」該志工談到Percy時，對他的好禮貌讚不絕口。

Percy的確是特例，我們把個別因素考慮進去後，他就雀屏中選了。

我永遠記得告知Percy這件事的情景。由於他六點以後才下課，我坐在路邊轉角的大石頭等待。夜色中，一個矮矮胖胖的小男生揹著書包下車，他一看到我嚇了一跳，「你怎麼會在這裡？在等我嗎？」

「對啊！」我摸摸他的頭

他露出怪異的表情，「幹嘛？」

我解釋他是這一次獎學金計畫獲選的學生後，Percy張大嘴巴，「ㄏㄚˊ」一副還搞不清楚狀況的模樣。十幾歲的孩子對這種獎學金沒有概念，只是茫然地說：「喔，好啊！」

我陪他走回家，順便跟他的媽媽討論。

我對另一個獎學金學生Elizabeth的印象是個愛尖叫的女孩。球從她身邊飛過要尖叫，去接顆排球要尖叫，下課離開教室也要尖叫。「為什麼你一直尖叫啊？」我問。「不知道啊！」回答伴隨著尖叫。

我跟她解釋獎學金計畫發現她在班上都保持前三名，成績挺不賴的，後來才知道，原來她爸對她們家四姊妹都很嚴格。

「謝謝你們給Elizabeth獎學金，我一個月有二十幾天在外面開車賺錢，看到孩子成績進步，認真念書，等於給了我動力努力工作。你們來這裡沒有得到什麼實質的東西，對於你們的付出，當一個家長的真的無話可說，不知道該如何表達感謝才好。」

這些話也真的反應在他對英語學校和獎學金計畫的態度，跟Elizabeth爸媽合作起來最大的問題是他們太過緊張了。我有一點擔心他們會因此對Elizabeth太過嚴格。我們的初衷並不是要Elizabeth去私立學校考第一名，而是看到她因擁有這樣的資質而變得更好。無論如何，插班念私校對她和Percy還是有難度。

## 你們是我留下來的理由

次級公立學校的水準之差讓人瞠目結舌，自然組的學生到最後一年才上物理，倒數第二年上化學，數學課的上法是老師在黑板寫算式跟解法叫學生直接抄下來，更別說看懂三角函數了。

Elizabeth才三年級，但是Percy已經四年級了，相較之下內容就比較難些；再加上私校的程度又遠超過公立學校，為了讓他們的程度可以跟上私校的腳步，只好利用禮拜六、禮拜天兩天的空檔幫他們惡補，主要是補數學進度。

我從四則運算開始教起，甚至有時候還得先講解正負號……目標是拚命幫他們補習，至少趕上私立學校一半的進度並通過資格考試。我上午教Percy，下午教Elizabeth，工作滿檔。

他們的數學程度普遍不好，而我的西文也不好，尤其遇到三角函數、斜率、方程式、向量……一些專有名詞很難用西文解釋，我得用手機查單字，或用畫圖呈現，好讓他們理解。

教數學時，我不得不感謝高中時期狂K的《徐氏數學》參考書，雖然說不情不願，好歹也幾乎算完整本，數學基礎就是在那時候奠定的。

「我不喜歡數學，但是會算數學。」我跟Percy說。

「騙人，你怎麼可能不喜歡數學還會算。」

「因為我比你聰明啊，嘿嘿！」

實在不想對這些孩子說，我高中度過多麼扭曲的生活。在此也要感謝高中的同學們，在卡住算不出來時，靠他們隔空救火解決不少難題。

不過畢竟還是孩子，對於過多的課業還是會呱呱叫，尤其在這愛玩的年紀。週六、週日整天耗在書本上是很大的折磨；其實不只他們累，有時連我都被搞得筋疲力盡。

有一天幫Percy上課到晚上九點多，再不走就沒公車了。他把腳踏車牽出學校，我回頭鎖上大門，陪他一路走回家。我搭著他的肩膀問：

「會累嗎？」

「還好。」

「我知道你很辛苦，平日要上課，週末還要來算數學。可是啊，你要想想，這個機會很難得，你可能是這社區最有機會念大學的男生，你可以懷抱希望，想想將來要念什麼，想做什麼事⋯⋯」

「嗯。」

「那就要好好把握這個機會。」

他隔了一會兒，好像突然懂事了，回拍我的肩膀說：「No te Preocupes, voy a intentar.（你不用擔心，我會試試看的。）」

聽了那一番話，說我不感動，那是騙人的。

但我也沒對他說什麼，默默地拍了一張照片，照片中沒有他也沒有我，只有我們牽著腳踏車的影子。回家之後，我把照片放上臉書，留下了一段話當作紀念。

You are the biggest reason that I stay here.

（你是我留下來的最大理由。）

不管將來遇到任何困難，這張照片裡的溫暖足以證明感動的存在。

皇天不負苦心人，大家的努力是有代價的，最後他們通過資格審查，如願進入Vencedor——一所注重英語教育的西、英雙語學校就讀。

You are the biggest reason that I stay here.
你是我留下來的最大理由。

# 孩子，讓我們募款去

這一切的所作所為，驅動我的是情感上的連結；講八股一點，就是愛。
我來到了這裡，想幫助這些小朋友，如此單純的理由而已。

## 令人氣到無話可說的官僚

獎學金制度設計好之後，第一批小朋友的學費直到他們念完次級中學都沒問題。但為了後續其他同學的獎學金無虞，我希望有一個長期穩定的資金來源，所以想請台商支援；而為了增加台商的意願，我帶著獎學金小朋友到利馬參加台商舉辦的餐會。

這趟行程由台灣駐祕魯台北經濟文化辦事處的阿蜜姊協助促成，她得知獎學金計畫之後就義不容辭地幫忙聯絡台商，甚至還自掏腰包，免費提供食宿，為此我有無比的感謝和感動。

對從來沒有搭過飛機的小朋友來說，這趟行程意義非凡，他們雀躍不已，樂不可支，「那我們要帶什麼？」每天都問同樣的問題。

「什麼都不用帶，你們只去兩天一夜而已！」我大叫道。

但辦理手續的過程卻讓我大傷腦筋。祕魯有個規定，小朋友跟非親屬關係者搭機得到某機構辦理相關手續，得到證明文件才行。我理解，畢竟是未成年人。

我一開始就到該單位詢問該帶什麼證件，他說三樣文件，我再三確認，「是不是只要這三樣？」他說：「是。」

好，很好。我回去跟小朋友家長說明，有些文件需要家長簽名、有些影印即可，他們也如期備妥資料，我收齊三樣文件，抽出一天空去現場辦理。

這隊排下去就是兩個小時，沒有抽號碼這回事，而且一排就排到戶外，人得固定站著，不能跑開，我上一次問要帶什麼證件時也是如此。

好不容易撐了兩個多小時，輪到我了，辦事人員一看說：「不對喔，你這一樣不必送件，但你還缺另一樣！」

「你是在開玩笑嗎？明明先前就跟你再三確認，現在還搞這種飛機？」我當場發飆，結果他也只是撇了撇嘴，攤了攤手，標準的祕魯人回應。

我非常無奈，只好回去再要求他們補件，回頭又是一次兩個小時的排隊，輪到我時，「先生，這些文件要在十二點以前辦，那個時候承辦人員才會處理喔！」

照理來說應該要發飆，但我真的笑了，而且是直接在她面前大笑。她大概嚇到了。

「你們永遠都不能把事情交代清楚：要什麼、幾點辦，怎麼辦，反正你們就是不能把事情辦好啊！」我用幾近嘲笑的口氣，用鼻孔發飆著。

我何苦拿自己的血壓跟你生氣，倒不如笑你讓你沒台階下。

她真的被嚇到了，一個亞洲人用鼻孔對她冷嘲熱諷大概是她想都沒想到的工作經驗。

後來請出單位主管才把這件事情解決。唉！

## 十四歲的飛機初體驗

出發當天是搭晚上八點五十分的飛機，但學校六點才下課，我跟小朋友約七點在學校集合；出發之前一直強調飛機不等人，因為這裡沒有準時的觀念。

晚上七點一到，居然沒有一個學生出現。我只好挨家挨戶去催。天啊，都還在收拾行李！「要不要帶玩具？」「不要帶！」「水壺呢？」「不需要！」「要不要帶雨傘？」「不要！」「零食呢？」「不要！」在每個家庭前面都喊：「快一點！

快一點！不要拖拖拉拉的……」

不但小朋友沒到過機場，連家長也是，出門時才發現有兩個媽媽要到機場送行，順便參觀機場長得什麼樣。

登機後，我跟Elizabeth坐在一起，Percy和另一個最後沒拿到獎學金的Rony坐斜前面，相隔約四排的距離。

這是他們的第一次，兩個男生都瘋了，在座位上不斷地跳，還爬到椅子上轉過身問我一些問題，連別人放行李他們都要指點。

「TURN BACK AND SIT DOWN.」我一個字、一個字地說，搭配臉部表情，我絕對相信他們聽得懂我在說什麼。

他們坐好後轉身看窗外，「哇，在送行李耶！我們的行李都在裡面喔？」一切都太新鮮了，「那個是什麼？」「你看你看……」男生們還是嘰嘰喳喳講個不停，我放棄，不要把飛機翻了就好。坐在旁邊的Elizabeth倒是冷靜，只是靜靜地看窗外狀況，這年紀的男生和女生真的差別很大。

飛機起飛的一瞬間我聽到他們的驚呼聲。當飛機平穩地飛入雲層，他們終於安靜下來，竟轉身說：「老師，好無聊！」我沒好氣地回：「安靜，覺得無聊就睡覺！」沒過幾分鐘，他

第一次搭飛機，興奮到不行的孩子。

們又回頭：「老師，還不想睡覺……」我只好把筆記型電腦借他們看影片。

Peruvian Airline是一家很有趣的航空公司，機長在飛機飛過重要景點時會廣播：「各位乘客，現在右邊的是Cotawasi……」、「現在左邊的是……」更絕的是還會將飛機左右兩翼稍微傾斜讓大家看看風景。「你以為在開觀光巴士嗎？而且大半夜是要看什麼納斯卡線啊？你以為它會發光嗎？」（編按：納斯卡線是出現於祕魯納斯卡沙漠地表的巨大圖案，屬於聯合國所列世界遺產之一。）

這趟利馬行之所以能順利成行，要感謝非常多人：幫忙聯絡的台商幹部和阿蜜姊，Roxana幫忙訂的機票，還有出錢的我媽（我還錄了一段小朋友的感謝影片放上youtube），少了任何一個人，這趟旅行都不可能成真；而小朋友興奮的程度應該遠大於我，對他們來說「坐飛機」和去「利馬玩」都不是件容易的事。

## 都是烏龍茶害的

一個半小時後，飛機抵達利馬。

由於班機遲到，阿蜜姊早已在機場外面等候很久了。

「飛得還順利嗎？」

「還可以啦。」

「小朋友，你們餓了嗎？」

「還好……」一個比一個小聲，害羞的咧。不餓才有鬼。

我們到達餐館後，哇！眼前擺的是一桌中式菜色，麻婆豆腐、炒飯、煎餃、燒賣、酸辣湯……真不知道該怎麼形容當下的心情，那是我十一個月祕魯生活以來唯一一餐吃到最像樣的食物了。

「Happy？」Percy問。

「Very happy！」我咬著餃子跟他說。

但對他們來說就不是了。豆腐，那是什麼？還辣辣的，好難吃；炒四季豆，這是什麼菜啊，不好吃；炒飯，為什麼沒有醬油（祕魯式的炒飯永遠都有醬油），為什麼有奇怪的青菜？酸辣湯，嗯……三個小朋友大概每樣東西都淺嚐一口就不碰了。「孩子，這才是食物啊！你們的炸薯條配飯是什麼東西啊！」我忍不住對他們大叫。

隔天大夥一起到市區晃晃，主要是另一名志工捐了一百二十索爾讓他們買紀念品，因此我們跑到批發市場來撿撿便宜。沒想到這幾個小朋友買了一些祕魯當地的花樣背包、衣服、鞋子。「孩子，這些東西在阿雷基帕就買得到了，你們知道嗎？」算了，反正開心就好。

他們開心完換我開心了，因為中午要去吃港式飲茶，有烤鴨、叉燒、港式炒麵、炸春捲……有一種「朝聞道夕可死矣」的感覺，用這句話形容好像離譜了，不過算了，食物重要。

這些小傢伙被我逼著連吃幾天中餐，倒也開竅了，拿起筷子有模有樣，還跟我說烏龍茶很好喝。

「你覺得這個很好喝？」

「對啊！」

「不會覺得很苦嗎？」

「不會啊，它最後會甜甜的。」

連回甘都喝得出來，Percy，你出頭天了。

「你喜歡就多喝點。」

不過，說這句話真的是自己找罪受。當天晚上，Percy怪怪的。我記得他之前曾經說過，他非常不適合旅行，去哪裡都會不舒服。

「你還好嗎？」

「嗯！」

「你要不要去廁所一下？」

「不要。」

「好吧。」

「嗯……呃……嘔……」

我根本來不及防範，睡衣、睡袋、地板、背包、外套，全都遭了殃。我趕緊幫他換衣服、清地板、包包丟進浴室，清到半夜一點多才整個搞定。

「都是烏龍茶害的。」Percy講著講著都快哭了。

## 一切都是為了愛

這趟利馬行的重頭戲是為台商做簡報。阿蜜姊與台商在利馬的一家香港餐廳訂兩桌，不過我沒什麼心情品嚐美食，沒緊張到胃痛就不錯了。

我在餐廳架起螢幕，拿起麥克風上台，大概講了十五分鐘，透過投影片介紹英語學校概況。

台商提出一些問題，我也一一回應。

做簡報的我強作鎮靜，其實超緊張。

我知道這計畫基本上跟台灣沒有任何的關聯性。這地方再窮、再怎麼沒水沒電也跟台灣無關，而就算這些孩子發達了，也很難跟台灣扯上任何關係。這一切的所作所為，驅動我的是情感上的連結；講八股一點，就是愛（我不是很喜歡用這個字，但找不到更好的代名詞了），我來到了這裡，想幫助這些小朋友，如此單純的理由而已。

餐會結束後，隔天（星期日）我們去了趟動物園。說實話我對走路看動物沒什麼興趣，但是看他們這麼開心，好像也沒什麼煩躁的感覺了。爸媽帶小朋友出去玩只希望孩子開心就好的那種心情，我好像多少理解了。中午我們去吃速食餐廳，小朋友大叫「Por fin!」（「終於」的意思）。

十四歲只吃過兩次速食餐廳到底是幸還是不幸呢？至少十四歲的那一年他們搭過了飛機、去過了利馬。雖然台商最後沒有贊助獎學金，但卻在年底的聖誕節送來了一卡車的物資和獎品，也算是另一種收穫吧！

# 大手牽小手，一起向前走

我可以給你所有能給的，但你不需要照單全收。
你可以按照你的意思去發展自己的人生，而我選擇跟你站在一起。

## 叛逆期的Percy愛耍酷

Percy和Elizabeth放學後仍跟以前一樣回來上英文；原本第二堂的「操場時間」就改成「課輔」，尤其是理化和數學這兩個比較難的科目，我得抽空幫他們惡補。在這裡，我除了西班牙文不能教之外，其他的都包了。

Percy自從利馬回來後，變得很黏人，把我當兄長。這社區的男人都外出工作，很少在家，當父親的角色被抽離而我又很照顧他們時，有時會一時口誤叫我爸爸。

Percy什麼話都對我說，當然有情緒也毫不客氣地對我發洩。

他家比較複雜。年紀最小的妹妹有發展遲緩和癲癇問題，大哥年前出了事，而Percy正要踏入叛逆期，在家耍酷不講話的狀況讓媽媽擔心不已。

「老師，Percy在家一直提到你，開口閉口都是『Teacher Li』，感覺很信賴你，如果Percy有跟你說什麼，再麻煩你轉告囉！」長期在家照顧妹妹的媽媽這樣跟我說。

「嗯，會的。」

「謝謝老師，麻煩你了。」

Percy身材矮小，就像小學生上高中一樣，因此沒自信，同儕關係也不好。有一次忘記什麼事了，我只是說了一句：「我來幫你！」他立刻情緒反彈：「才不要你幫忙呢！你憑什麼幫我的忙？」

後來，一個台灣媒體到祕魯採訪，想訪問獎學金學生，便問他要不要入鏡，他又發飆了，「我不要！」我說ＯＫ，不要就算了。沒想到他開始鬧情緒，隨後跟我翻臉，刪除我的臉書，接著就不來英語學校了。

事發之後我跟他媽媽談過，其實我對Percy的狀況抱持著開放的態度。我真心喜歡這個孩子，如果他之後想回來，隨時歡迎；如果他之後選擇不回來，我也只能站在這裡祝福他。

我生日當天，他傳來一個訊息。

「你現在在哪裡？」

「在學校啊！」

「你還好嗎？」

「好啊，你呢？」

「我覺得自己有一點不一樣。」

「哪裡不一樣？」

「心智。」

「喔，什麼意思？」

「可能想你吧！」

「你想跟我說什麼嗎？」

「我想想……」

「你知道我永遠都在，你永遠找得到我。」

「嗯，你是我最好的夥伴跟朋友。」

他似乎很開心。某些人在某些時候都會碰到一些情緒投射的問題，可能在別的地方生氣、受傷了，卻轉移到其他地方去；也或許，他還在找處理自己情緒的方式。

我不是他爸媽，所以才有辦法看得如此雲淡風輕吧！

不過，相信這個孩子不會走得太遠太偏，所以才選擇讓他自己處理。

後來Percy又回到英語學校，我裝作若無其事。

「我可以給你所有能給的，但你不需要照單全收；你可以按照你的意思去發展自己的人生，我不在意你耍性子，因為我選擇跟你站在一起。」在某天回家的路上，我對他這麼說。

他靦腆地笑了。

## Elizabeth的嫉妒和煩惱

至於Elizabeth則是另一個問題。

那天我從外面回來，迎接我的是她的一陣尖叫和哀嚎。

「Teacher Li！救我！這個好難我不會！」Elizabeth任性地拉著我；同時我的另一隻手也被Luis和Brigitte拉扯著，「Teacher Li，你來教我這個啦！」

「少在那邊耍賴了，全部乖乖坐好寫作業！」我對所有人喊著。

我稍微看了一下Elizabeth手上的作業，「嗯，不算太難，你應該可以自己來，你先試著寫，我叫Luz過來幫你看。」Luz是一個祕魯志工。說完便轉頭去解決Luis和Brigitte的物理問題。在這裡，只有我會解釋國、高中生的物理、化學、生物等學科。

這段時間，我被兩個不同程度的物理跟數學搞得頭昏腦脹，難的不是物理跟數學本身，而是要怎麼用西文講解到他們聽得懂。不知道過了多久，我看到Elizabeth走到學校外面去了。

「你寫完了嗎？」我對著門外喊。

她沒回我，掉頭就走。算了，大概是寫完了，我繼續做自己的事。十分鐘後，Luz跑來說：「Li，你是不是不教Elizabeth？」

「啥？」

「Elizabeth剛剛在哭，說你偏心，都不教她數學，只教別人。」

「我跟她說那個比較簡單，而且她明明會啊，總不能丟下這兩個孩子不管去陪她寫作業吧！」

「不知道你是怎麼跟她講的啦，反正她在哭，你看要怎麼辦！」

Luz講完後，留下我用左腦算物理，右腦盤算著等下要如何跟Elizabeth解釋。

六點多，天黑了。

這位大小姐大概知道我要跟她聊聊，在校門口踱步著。我把學校大門一關，跟她一起走回家。

「Elizabeth，你只是需要我在旁邊陪你寫作業而已。可是你要想想其他人啊，如果我不去幫Luis和Brigitte，誰可以幫他們？沒有人啊！」

「我覺得你都不教人家！」她賭氣地說了這句。

「如果我不教你，就不會利用週六、週日幫你多上這麼多課了，對吧？剛剛那個情況你懂嗎？所有人都拉著我教，我該怎麼辦，我有分身嗎？」我伸手摟住她。

「你幾乎是這個學校最大的孩子，有時我真的沒辦法照顧到所有的人，所以當你有辦法照顧自己時，就不要依賴老師。」

走著走著，她似乎理解，但又好像飽受委屈，突然哭了起來。

我在這裡，除了教學，另一個要面對的是青少年問題。

「我不想念書了……」她停下腳步。

「怎麼了？」我抱著她。

「我爸爸……我不喜歡他。」

「你爸爸怎麼了？」

「他給我好大的壓力，每次都要拿全班前兩名，不然就要罵我打我。我好討厭學校，好討厭他……」

我深深地嘆一口氣，想到了自己小時候。我不覺得打罵教育是對的，但某種程度的家庭壓力卻成就了現在的我，不知道自己能走到這一步，跟當時的「少一分打一下」有多少相關，然而Elizabeth現在的眼淚和顫抖，和二十年前的我一模一樣。

Elizabeth的爸爸是嚴父，他知道女兒資質不錯，將來大有可為。由於經濟狀況不好，我猜得到，如果沒有獎學金計畫，成績優異的她可能被家人送到「技職教育」學校就讀，它不是正規教育的學校，有點類似祕書補習班，畢業之後可以出來當祕書，但薪水不會高；而私立次級學校畢業後比較有機會繼續升學。

我換個心情告訴她，「Elizabeth，聽著，你要知道你爸爸你媽媽是愛你的。因為愛你，所以才會這樣逼你念書，希望你考第一名，將來可以上大學，得到一份好工作。如果他們不愛你，早就不管你了，對吧？」

然而，成績不是衡量所有的一切。「我當然希望你統統拿滿分，每次都是第一名。如果你努力過但成績不如預期，應該也不會怎樣。重點是你努力了，對自己負責，就算你考不好，你爸爸媽媽也不會停止愛你，懂嗎？」

她點了點頭，停止哭泣。

在夜色中，我們繼續往前走。

# 獎學金成果亮眼

我們原本只是教英文，卻逐漸地把關懷延伸到孩子未來的升學。獎學金計畫的發展，早已遠遠超過我們原先的期待！

## 擁有更多，要學著付出更多

自從送Percy和Elizabeth去Vencedor之後，我每個禮拜都會去學校拜訪，關心他們是否有適應不良、功課趕不上的狀況。另外擔心因社經地位造成他們自卑心理，所以我主動拜託輔導主任，請他們多關照這兩位學生，同時請我們自己的社工師、心理治療師和他們深談，必要時做心理輔導。

我們跟Vencedor學校保持密切的聯繫，如果真有問題，老師會主動跟我聯絡，久而久之便成為朋友，私立學校的園遊會，校方會邀我去，而我從台灣回來也會請他們品嚐台灣的好茶。

三月初是祕魯新一學年度的開始。由於二〇一二年在台灣還有很多事情處理不完，所以我沒去參加他們的開學典禮，回到英語學校已是開學後。

Elizabeth到私立學校的適應狀況還不錯，「剛去以為功課很難，後來才發現可以一點一點學起來，沒那麼難。」

不過，這位大小姐耍起脾氣（尤其是對自己親妹妹）可真的是非常要命。她是家中四千金的老大，妹妹們同樣在英語學校寫作業、學英文，當老師們忙不過來時，我會叫幾個大孩子幫忙。這一天我對著Elizabeth說：「你是老大啊，應該要照顧妹妹們，幫她們看一下作業。」

「我才不要！我不喜歡她！」她尖叫。

「她是你妹妹耶！」

「她也不喜歡我啊！」

「你不可以這樣說……」Elizabeth不等我把話說完，就逃出教室外。

一次兩次下來，我怒了。放學的時候把她跟Percy都留下來。

Percy先發難，「我是想教他們做作業，可是他們又不聽我們的話！」

「這不是重點啊，重點是你有沒有心要幫助其他小朋友，而不是一副『其他小朋友不聽我的話就算了』的態度在應付了事。你們要學著當成是自己應該要做的事情，而不是草草了事，懂嗎？」

他點點頭。

我語重心長地告訴他們兩位：「我們都是互助的，老師輔導你們功課，你們也可以協助其他小朋友寫功課，就像老師現在教你們一樣，一個一個傳下去……你們兩個是在英語學校裡面待得算久，得到和使用的資源也是最多的，因為你們比較有能力，將來畢業，希望你們可以回過頭幫助自己社區，成立自己的組織、募集資金，不再需要外來金援，自給自足。」

他們說懂。

「請想想看，為什麼你們兩個可以坐飛機去利馬？為什麼你們可以上課上一上還有大餐吃？為什麼你們可以穿著漂漂亮亮的制服去Vencedor上課？因為有人資助你們，你們已經有比別的小朋友更多的東西了，應該要學著付出，知道嗎？」

我不愛說教，我知道這種知足與付出的概念不是一蹴可幾的。但實在覺得他們應該要懂這些道理，至於能懂多少就慢慢來吧。

## 表現出色的Brigitte

繼Percy和Elizabeth之後的下一位獎學金得主是Brigitte，她的獎學金是一位英國志工提供的。

二〇一二年初，那時小六才十一歲的Brigitte隨著班上唯一會講英文的小朋友到英語學校來。她是個聰明活潑的小女生，眼睛水汪汪的，天天來，反而是之前來的那位同學後來沒來了。

Brigitte的表現很出色，在三位競爭者中脫穎而出。

我們做家訪時發現她家灰色的水泥牆壁上掛滿各種獎狀，她從小到大幾乎都是第一名。她很愛撒嬌，很早熟，喜歡跟比自己年長的人在一起，所以很黏志工，會和我們探討男女關係，來學校會嘰哩呱啦把當天發生的事講一遍。

Brigitte的媽媽得知女兒得到獎學金時很激動，哭了，她覺得女兒這輩子怎麼可能得到獎學金呢？這是做父母付不起的學費。因為念公立學校有等於沒有，念私立學校感覺前途光明，這對她來說是個脫離貧困的好機會。

離開前，Brigitte的媽媽對我深深一鞠躬，「不知道該如何表達這種感激，就拜託你了。」她雙手握得我好緊，彷彿將所有的力量和希望都寄託在我身上一樣。

我告訴她，只是希望她懷著對前景樂觀的心情長大。

Brigitte通過了私立學校的考試，這過程很順利。但她去上課後告訴我，「數學太難了，習題都不會做。」

我照例為她補習功課，就像當初為Percy和Elizabeth補習一樣。這才發現Brigitte國小的數學基礎太差了。例如正負符號搞不清楚、「-5－5」等於多少不知道、「先乘除後加減」的原則也不會……所以先幫她把國小的數學基礎補足，在教基本數學時看出她真的很聰明，邏輯清晰，很快就懂。我要她放學後來這裡做作業，我隨時可以教。

Brigitte進私校之前，她覺得這是一個不錯的機會，但是另一方面卻要和原來的小朋友分離，難免有一點感傷。不過令人驚喜的是，她第一學期就拿下全班第一名，從公立學校到私立學校可以跳到第一名，這點出乎所有人的意外，太厲害了。

目前三個拿獎學金的孩子在私校的成績都不錯，Elizabeth在班上也名列前茅，Percy成績中上，他們的表現都遠遠超過我們原先的期待。

老實說，我們原本只是教英文，卻逐漸地把關懷延伸到孩子未來的升學。現在回過頭檢視「獎學金計畫」初步的成果，反而有了一種驚喜。

# 大書法家募款記

四個小時過去，我們募得將近二百索爾，約二千五百塊台幣——這筆錢，相當於我一個月的生活費。

## 別挑了，有黑色水彩就好

「如果我小時候曾經好好學習書法的話，現在應該是大富翁了。」我給台灣朋友的e-mail是這樣寫的。

二〇一一年中，TNT孤兒院部門來了一個在西雅圖念完書，想到南美洲當志工的台灣女生Viví，我們剛好都在同一個組織（她在孤兒院，我在英語學校），碰面會用中文聊一下，僅止於此而已，並不算熟。

很不幸地，某個週末，她所服務的孤兒院遭竊，歹徒破窗而入，把市政府買給小朋友的奶粉、牛奶、尿布、洗衣粉……全都偷光了；聽起來很難想像，不過實際狀況真是如此。即便是學校社區那一帶，每週仍至少有一戶被闖空門、搬電視，所以孤兒院被偷並不是什麼驚天動地的事。

我私下猜是附近居民所為。一般來說，有孩子的家庭才會偷尿布、奶粉，「盜竊集團都是偷電視、家電等大宗電器用品的吧！」他們認同我的揣測。不過這不是重點，重點是Vivi希望大家幫忙，想辦法幫孤兒院募款，至少把被偷的食物與用品買回來。

「現在大家可以發表意見，想一想，該怎麼幫忙？」在志工會議上，志工協調者這麼說。

沒想到Vivi說：「『我們』來寫毛筆字賣錢吧！」

等一下，有沒有聽錯，「這個『我們』，包括我嗎？」我的大眼睛直盯著她問。

她一副「想當然耳」的表情：「對啊！」

哇哩，我有說「好」嗎？

我的毛筆字只差一步就跟宋徽宗齊名了，怎麼可以在這裡示人？不成不成。

「沒差呀，我的書法也不好（後來證明所言不假），反正在南美洲沒人看得懂，寫得好壞沒人知道，安啦！」Vivi安慰著。

其他志工倒樂得輕鬆，在一旁拍手叫好，「好耶！贊成贊成，就這麼辦！辛苦囉！」你們當然好啊，要寫書法的又不是你們！

「那就麻煩囉！」Vivi再度笑容可掬地拱手向我拜託。

在大家的起鬨和她的期待下，我只好趕鴨子上架。但心不甘情不願地問：「硯台、墨水和宣紙哪裡來？」她一副無所謂的模樣說：「不用擔心啦！用黑色水彩跟Double A的紙，就萬事ＯＫ啦！」我聽了冷汗直流。

## 一張墨寶只要二塊錢

週末，我們從辦公室準備妥所有的器材：桌椅、海報、用來賣錢的明信片、Double A、黑色水彩和水彩筆，一步一步地搬往San Francisco教堂（Iglesia San Francisco）。教堂門口有一個極為漂亮的小公園，側廊的階梯上終年都是當地手工藝家、吉普賽人、遊牧背包客賣手工藝的地方。一想到等一下要用毛筆字跟他們搶生意，就頭皮發麻。

「我們先寫個幾張放在桌上招攬客人，大家看到就會過來了。」她邊說邊把一枝平頭的

空前絕後的一次，我的「墨寶」竟然能賣錢。

水彩筆剪成尖形，並在桌下貼一張海報寫著：「中文書法字，一張兩塊，所得全數捐孤兒院。」

這讓我想起高中時代園遊會擺攤的樣子。安慰自己就當回到十六歲好了。年輕無敵嘛！

我第一個顧客是——組織的志工。

「幫我寫中文名字！」她叫Jess。嗯，潔斯。簡單。

我拿起水彩筆沾了沾水彩。嗯……提腕？枕腕？算了，我功力高深到外國人看不懂，隨便就好。不消三秒，寫好了。

「哇！好漂亮喔！這要怎麼唸？」

「潔、斯。」

「姐、素。」

「嗯，沒錯，是這樣。」我懶得糾正了。

「謝謝！」

我收下第一份收入，跟當年收到醫院薪水時一樣地理直氣壯。事實證明，萬事真的只是起頭難，一旦羞恥心隨著大江東去，接下來要演國王的新衣都不成問題。

「這是什麼？」路過的祕魯爸爸問。

「我們在幫孤兒院募款，寫你的中文名字，一張三索爾。」

「爸爸我要寫！」祕魯爸旁邊的小女孩尖叫著。

「你叫什麼名字？」我微笑地問，顧客至上。

「Angela Mirian ××× ×××」

「啥？」

我徹底忘記一件事，祕魯人的名字由四個字構成：兩個名，一個父姓和一個母姓。寫完她的名字要四張Double A，照這樣下去，寫二十個人就可以收工回家了。

「呃……中文字比較難寫，我們只寫Angela就好。」也不管她答不答應，拿起筆寫了「安潔拉」三個字。

「這要怎麼唸？」

「安、潔、拉。」賣毛筆字順便教中文。

「安、姐、拉。」小妹妹真有天分。

「下次再來喔！」招牌的服務業微笑，只差沒附上麻辣火鍋店的九十度鞠躬。

一個小時之後，生意有增無減。荷西、路克、瑪莉亞、耶穌（Jesús是很常見的名字）、安德森、喬爾……紛紛出籠，連旁邊賣手環的也來湊熱鬧，看我們在搞什麼鬼。中華文化博大精深，你不懂的。

最帥氣的要屬接下來這團高中女生了。

「哇！這什麼！」吱吱喳喳。

「寫中文名字啊，一張二索爾。」我說。

「那……那你可不可以寫他們的團名？」她動手翻找包包。

「團名？」

「他們，他們好帥喔！」小女生從皮夾裡面翻出一張小照片——一個韓國偶像團體。

K-pop在這裡走紅的程度絕對不會輸台灣，開玩笑，在利馬有一整條街都在賣這些「哩哩扣扣」的東西：筆記本、照片、鑰匙圈、平行輸入……應有盡用。好吧，雖然不是韓流粉絲（這句話還真的是客氣的說了），不過也得佩服韓國人的行銷功力。

「呃……可是我不知道他們叫什麼名字耶！」

「他們叫×××！」

我一頭霧水，轉頭過去求助Viví。

「東方神起啦！」她說。

「喔……」我提筆寫，心中白眼後空翻三圈。

「啊！哇！你看你看你看！」小女生輪番拿著剛寫好的「東方神起」驚呼著。

喂！我寫的又不是韓文，你們在高興什麼？

「那寫他們的他們的……」另一個小女生拿出另一張照片。

我的臉上再次寫滿問號。

「ＳＳ５０１。」

好了，我現在面對的，是韓國流行偶像的大會考，我還寧願你們拿數學問題問我咧。多虧身邊這位Vivi算是個小有研究的小韓粉，謝天謝地。

接下來我花了十分鐘學習韓國流行文化，２ＰＭ、金在元、元斌、Super Junior到我們兩個都不認識就瞎掰個名字的人……寫到她們身上沒有其他的照片、鑰匙圈、筆記本封面為止。一輪下來，我都可以去韓國當流行音樂經紀人了。

「掰掰！」小女生們開心地離開了。謝謝韓國偶像，我賺了超過二十索爾，將近二百五十塊台幣。

二千五百元，我一個月的生活費

四個小時過去，我們進帳將近二百索爾，約二千五百塊台幣——是我一個月的生活費耶！

這些募款所得金額，足夠買齊孤兒院所有被偷的食品，總算幫上一點忙。

後來有個學理工想來祕魯當志工的台灣年輕人阿楷寫信問過我，在祕魯生活要花多少錢？去南美洲旅行要花多少錢？沒錢要怎麼旅行？

老實說，除了那張機票大概會是確定金額之外，剩下的取決於個人。你可以砸大錢當大爺在南美吃香喝辣，也可以拿著背包說走就走。有很多背包客靠打工換宿的方式，一路玩了中美洲和南美洲，我在祕魯一個月除了住宿費之外，只花兩千塊新台幣。

不過，有了「寫書法募款」的經驗後，我說：

「有什麼好擔心的，爛毛筆字寫四個小時就賺到一個月的生活費了；要是你拿數學能力來開班授課的話，說不定可以環遊世界了。」

我是這樣回他的。

# 之四

# 鬥志在燃燒

# 我們革命了

我們都希望這裡變好，希望制度化，
希望世界上所存在的熱情和愛心能直接散播在社區中。

## 志工還得兼賣咖啡？

我到TNT（Traveller Not Tourist）工作一年多，但從來沒有見過主辦人Jay一面，只有掛在牆上的一張寫著「Happy Travel!」的照片訴說他們的存在。

「從沒出現過要怎麼經營這個組織？」任誰心中都會浮現這個問題，只是沒有人真正去思考這個問題的重要性罷了。背包客來來去去，小朋友很可愛大家抱一抱、拍拍照就繼續旅行了。有些有經驗的志工隱約地察覺不對勁，但也沒人提出太大的建言。直到二〇一一年，我們這些老骨頭打破了這個看似光鮮亮麗的外表。

某一天，遠在英國的Jay透過志工協調員Anna說，她要從募的款拿些錢在祕魯蓋民宿，志工可以去那兒賣咖啡賺錢。Anna轉述這事的時候語氣超級不爽，「所以，我以後是咖啡店的經理？」她堅持不幹這種事，回Jay說：「要弄你們自己過來弄。」

Jay的說法是，「經營咖啡廳是為了賺錢啊！」

Anna回她，「你不能把國際志工騙來這裡賣咖啡吧！」

我聽了也感覺莫名其妙，啥毀？咖啡廳？這是什麼天馬行空的點子？

志工群起反抗，「你們要在英國怎麼瞎搞沒人管得了，但休想祕魯這邊會幫助你們！」

於是這個咖啡廳計畫停擺，不過他們開始以惡意、叛徒等形容詞形容我們。我們還將組織運作以完整報告的方式呈給他們，要不石沉大海，要不就是官方回答：「謝謝您對TNT的關心，希望您在祕魯有著美好的旅行回憶，期待您持續支持我們的工作。」官腔無遠弗屆，跨國也可以「河蟹」，太厲害了。

幾個月後，來了一個據說是Jay的攝影師朋友。他要過來當志工順便拍照，拍社區街道、志工工作、小朋友上課情形、居家照片……志工工作和小朋友上課狀況我沒意見，可是要把小朋友打扮成新娘新郎、彼得兔和聖誕老公公是怎麼回事？還要拍小朋友家很髒亂、蒼蠅滿天飛、大夥擠在一個小空間的狼狽畫面？我不解，「拍這些幹嘛？」他說：「要回英國辦攝影展，做卡片義賣，希望有人可以捐款蓋新的孤兒院。」

「憑什麼要社區照片幫你募款去蓋別地方的孤兒院？」我才不要拿自己的關係讓你去做這種事情。攝影師要在社區拍照，勢必就是我帶路，社區居民信任我，只要開口他們一定說好；但這麼做的理由是什麼？販賣貧窮？同情？

的確，他們的物質生活相較於一般人是比較缺乏，但並不代表「悲慘」。如果對方是難過的，我們該做的不是拿起相機拍下那眼淚，而是伸出手協助；如果對方是開心的，就讓相片留下這笑容，幾個月後，孩子們圍著我和筆電，重新感染那段開心的時光，不是更好嗎？

「不行。」我斬釘截鐵地回絕他的拍攝。

兩天後，Jay透過Skype越洋視訊問：「有這麼嚴重嗎？國家地理雜誌也做這種事情啊。」

「你哪位啊？」我心想。

我耐著性子解釋資金流向還有社區關係建立的事情。

「我知道關係很重要，但是錢更重要啊！」那個英國女生越洋大叫。

我心中除了三字國罵之外找不到其他用語。

「反正沒什麼好說的，學校我管，我說不准就是不准。你有本事自己回祕魯來弄。」說完直接掛電話。

隔天，Jay就打電話問Anna：「Li什麼時候走？」

好巧不巧我在旁邊。

「放心好了，你朋友走之前我不會走的。」我冷冷地說。

## 我們變成旅行社員工?!

Anna是行政人員，就志工而言，我和Elly待得最久。有一次我們三個人在聊天，聊志工應該要有什麼樣子、ＮＧＯ該做什麼、不該做什麼，再檢視所在的ＴＮＴ組織，自然容易發現一些狗屁倒灶的事；原本只是嘴巴說說而已，但「拍照」事件就像是壓垮駱駝的最後一根稻草。

我們開始行動，追查組織的背景、資金流向和一些正式文件，赫然發現ＴＮＴ在祕魯登記的竟是「旅行社」而不是非營利組織。這下不得了，原來長久以來有一部分的志工註冊費（二百美金）、住宿費和西文補習班的費用是被轉帳到英國Jay名下，志工們群起譁然。

「原來我們參加的是一個旅行社所提供的『體驗營』，是在一個旅行社當志工耶！」

「憑什麼他們在英國可以拿這一筆錢？」

他們急忙解釋那些錢是拿來做募款相關費用，還有在英國工作的一些花用。

「好啊，請你告訴我們，你們在英國做了什麼？」

「呃……我們四年來募了兩萬塊美金。」

四年六十萬台幣，換算下來一年十五萬台幣？我半年就募了三十萬，你一年十五萬？請問你是在路上撿零錢嗎？而且你轉帳的錢就占了一半好不好！

「好，那兩萬塊美金呢？」

「還在英國啊，我們要用來租一間咖啡廳。」

竟然還在講咖啡廳的事？

她開始解釋：「在祕魯註冊NGO沒有意義，」然後說道：「我們是社會企業。」語句含糊，交代不清。

全世界的非營利組織多如繁星，收費的差距也超乎想像。我聽過在利馬有一個給貴婦參加的NGO，住五星級飯店，早上出發去孤兒院看小朋友，中午回旅館吃飯，下午安排觀光行程，七天要價三千美金（合台幣九萬多），名符其實的「貴婦志工團」啊！便宜的志工工作也並非全然高尚清廉，只是提供你一個「體驗的機會」，實際上是希望你可以多買一些local tour好讓他們維生。這也沒什麼錯，人本來就得求生存。你光明正大地說：「我要維生，這是個體驗祕魯的旅行社。」我可能不會這麼火大，但你打著NGO的招牌卻賺自己的錢，你廣告不實我還求償無門？任誰都不能接受。這太扯了。

而且獎學金計畫才剛開始，我根本不敢想像Jay之後會對這筆錢動什麼歪腦筋。我跟Elly說，如果TNT不改變，我會把這筆錢交給信任的祕魯朋友，確保這筆錢可以繼續資助這裡的小朋友升學，絕不會把錢放在TNT，因為我已經不信任這個組織了。

## 槓上黑心主辦人

我們開會討論。其實大家也都同意制度化和透明化的問題，只是在起衝突這點還是保守些。但這是核心價值的問題，不是出發點相同方法不同而已，我們都希望這裡變好，希望制度化，這是我的願望；但沒有百分百非得做不可，如果大家想做，那麼一起做，不做就算了。

「我們都不想起衝突，可以先試著理性溝通。在觀念上應該不至於有太大的落差，畢竟大家想的，都是要怎麼讓這個組織變更好。」我和緩地說。

開完會後，大家同意做ＮＧＯ。

我同時把結果告訴Jay夫婦，他們說：「可以啊，只是很複雜，有這必要嗎？」

有必要，絕對有必要。

大家開始研究繁瑣的法律條文，撰寫所需的相關文件，準備把ＴＮＴ註冊成ＮＧＯ，讓它制度化、透明化，這麼一來他們就沒辦法亂搞，而那些被服務對象的真正需求、志工的愛心和金錢就不會被錯誤的組織操控。

簡單說，ＮＧＯ就像是一個公司，組織架構會有董事會，要有三個在祕魯當地人，決策一定由董事長決定，Jay夫婦就不可能掌握主導權，而且再也沒辦法從志工住宿費裡拿到利潤，無法假裝他們在英國做很多事情。

這時他們緊張了，頻頻用Skype找我們開會。我受夠這些無意義又浪費時間的討論，在最後一次的視訊會議中，Jay直接咆哮：「This is my business！They are my volunteers！」好哇！原來這句話可以這麼理直氣壯地說？我怎麼不知道原來旅行社招募志工是這麼天經地義的事？什麼時候我們變成「他們的」志工了？

我超級火大，「你說什麼？這是你的生意？我把這句話錄下來放到網路上，告訴所有的志工這是你的生意，讓大家知道你們欺騙所有人的愛心跟捐款，就來看看志工們會給你什麼回應？」

我也嚴正告訴Jay，「我們不是你的志工，不是你的員工，志工來是為了小朋友而不是為你，好嗎？」

她閉嘴了。

隔天，Jay打來說：「我們分開好了，不過獎學金的錢要留下來。」

哇靠，你募不到款還想動我的獎學金？

「休想。」電話再度掛上。

## 從零開始，走自己的路

我無意將這場革命形容得多麼驚天地泣鬼神，好像我們殺敵無數，終於把希特勒幹掉一般（雖然對我們意義非凡）；只希望不再讓有心幫忙的志工們因此對ＮＧＯ留下不好的印象，希望世界上所存在的熱情和愛心能直接散播在社區中。

HELPING OVERCOME OBSTACLES PERU（H.O.O.P.）二〇一三年五月正式在祕魯註冊。我成了ＨＯＯＰ的創辦人。我們將針對「健康」、「家庭」、「教育」三大方面進行與社區的互動合作，目的在改善生活；當然，我們仍保有原本的英語學校，只是透過祕魯當地大學生、心理學家的加入，展開「作業輔導」和「心理講座」等項目。

起步總是最難，「原主辦人」的百般刁難讓我們無法獲得足夠的志工（他不希望我們奪走他們的「員工」）與經費。沒有志工，學校就無法運作；沒有經費，組織就無法運作。即便如此，我們寧願自掏腰包也要堅持做「對的事」：努力地與當地團體、商會、組織、大學討論合作；也積極與社區接觸、做問卷調查、在Facebook廣發邀請、設計網頁……

我改變了這個機構，它不再是個黑機關了。

對於一起革命的國際志工，我心存感激。

# 別把年齡當藉口

同樣做志工，有人可以做得轟轟烈烈，有的只是蜻蜓點水，有的不負責任，這提醒了我，年紀不應該是阻止你去做任何事情的藉口。

## 沒搭過公車的少爺Ben

二〇一二年一月初，我離開祕魯回台灣過年時，恰巧來了一位新志工Teresa。她來自奧地利，十八歲，綁著馬尾、掛著黑框眼鏡，客氣地跟所有人打著招呼。這裡的志工一直都來來去去，我也不覺得有什麼特別的，心裡閃過一個念頭：「說不定回來之前她已經走了吧！」我們匆匆地打聲招呼，說了聲「嗨！」就去趕飛機了。

夜深的利馬機場，我突然想起半年前的另一個十八歲，來自德國的志工Ben。

第一天見到他是在辦公室，Ben身高一百九，壯碩魁梧，操著一口美式的街頭英文。第一天，我們一起搭車去學校。

公車來了，他一副驚訝的表情，「這是什麼？」

「公車啊！」

「可以坐的喔？」我真的不敢相信這是他要問的問題。

「就這樣上車就好了嗎？」

「嗯，但是下車的時候記得要付錢。」有志工看不慣，故意糗他。

「好酷喔！還有拉環可以拉耶！」

「你沒有搭過公車嗎？」我忍不住問。

「沒有。」天啊，來了個少爺，這還是他第一次搭公車。

他一上車就表現出孩子氣的驚喜，但剛上車的新奇感撐不了三分鐘，人潮、車潮，加上他這種高個頭擠在矮小的車身，路上的坑坑洞洞把我們家的Baby Ben給嚇壞了。

「都是這麼多人嗎？」他驚恐。

「為什麼會一直抖？」他不安。

「還有多久才會到？」他不耐。

下車的時候他說：「我以後要坐計程車。」

到了學校，志工協調員認真地跟他解釋校規時，他顯得非常不專心。

「你還好嗎？要不要休息一下？」協調員問。

「喔……很好啊。沒事。」

「呃……那你有在聽嗎？」

「沒有啊，反正這些不重要。我沒有打算要聽。」

協調員一聽愣住了，「這種工作態度對嗎？」她私下嘟囔著。

「那麼，今天你就先坐在教室當個小助手吧！」Ben說好。

他乖乖地坐在教室後面，由於沒有特別的事需要幫忙，他覺得很無聊，東張西望。

「一切都還好嗎？」下課後我問他。

他看到我欣喜若狂，感覺是好久沒跟人講話了，提高聲調說：「Man！這真是太棒了！我太喜歡小朋友了！你知道嗎？這就是我一直在尋找的；我在德國雖然可以賺大錢，但仍覺得這裡好像少了點什麼（指胸口）……」

「呃……好，很高興你喜歡這裡的小朋友。」他的熱情還真的是讓我受寵若驚。

當天下課，他還真的一個人搭計程車回市區了。

第二天早上，跟Ben住同一間的志工說，他昨天在酒吧狂歡狂飲到早上六點，不覺得Ben今天會去學校。「沒關係，就等著看吧！」我說。

下午四點多，他姍姍來遲。

「對不起喔，今天起床的時候不知道為什麼頭好痛，又好想吐，應該是生病了。」少爺，那叫「宿醉」好嗎？生病你個頭啦！

「呃……沒關係，如果你不舒服的話就先回去休息好了。」

「那……那……那我就先走了。」稍微帶點歉意。

當天晚上我們就在討論應該怎麼跟他說明志工不是這樣當的，行前說明以及合約都有寫啊！

第三天，很平靜的開始。我在巡班時看到Ben坐在教室後面玩手機。

「一切都還好嗎？」我問。

「呃……我有話要跟你說。」

「好，到教室外面說吧！」

「嗯……今天可能是我的最後一天了。」

「喔喔，發生什麼事了嗎？」

「嗯……因為我討厭小孩，所以要開始去旅行，可能會去阿根廷吧！」

「嗯，喔，好，謝謝你的誠實。那你就先回去吧。」

「嗯，掰掰。」說完他就走了，留下在現場感到萬分錯愕的我。

啊！你第一天不是說你很喜歡小孩子嗎？不是說什麼胸口缺少了什麼嗎？怎麼兩天後就大翻盤了咧？我傻眼。

## 令人傻眼的「媽寶」Adam

這樣的志工很離譜嗎？我再舉一個例子。

一個叫Adam，是個，十九歲。

在他還沒有來阿雷基帕之前，志工協調員不知道已經收過多少封他媽媽寄來的詢問信件：問簽證、飛機要怎麼搭、機場到hostel的接送、伙食費、住宿費、交通費、附近怎麼玩……大概只差機場有幾間廁所沒問而已。

負責回信的志工協調員超級不爽，不斷抱怨說：「我可不是在這裡當保母的，ＯＫ？」

通常申請國際志工有一定的流程，只要按規定寄一份履歷及推薦信，我們再安排面試（利用Skype），面試ＯＫ就可以過來。

這位「媽寶」連寫履歷都由媽媽代筆（這當然是事後才知道的）。

沒多久，一個戴著棒球帽、穿著無袖背心、短褲、揹著滑板的男生就出現在我們面前。

好險當時志工人數充足，他不用負責什麼課程，在成人班當助手就好。不過這個工作看來可能也超過他能力範圍，因為他在教室最常做的是玩手機；我想算了，只要不打擾老師上課就好，更何況成人班只有兩個學生，應該也不需要他幫忙。

問題出在「操場時間」。

我們帶團康遊戲時，希望所有志工跟小朋友一起參加。這位少爺就拿起他的滑板在旁邊玩起來。他自己玩我沒意見，但這明顯干擾團康進行，有些小朋友的注意力就被他吸過去了。

「Adam，你可以先不要玩滑板，過來跟我們一起帶小朋友嗎？或者坐在旁邊休息？」

聽完他收起滑板，坐在旁邊，一動也不動。

結束團康活動，這少爺的精神就來了，拿起籃球就要找幾個志工和成人班的學生一起打籃球。

但偏偏場地就是這麼小，女生跳繩、男生打排球，我在帶一群小朋友踢足球，全在一個場地，場地看起來有點混亂，彼此之間一定互相干擾。

這少爺竟然回過頭對我說：「Li, get these kids out of this place!」

哇靠，操場你家的喔。要我帶孩子滾離這裡？拜託，你要打籃球要玩滑板回美國去好嗎？還真不知道為什麼當下沒嗆回去，真是氣炸了。

事情還沒有這麼簡單，Adam跟幾個志工趁著週末跑到Puno去玩，結果把護照搞丟了。他哭喪著臉回來，另一個哭喪著臉的是志工協調員，因為Adam媽幾乎是照三餐從美國打電話來關心事情發展。

「現在怎麼辦？」

「要怎麼辦？」

「去哪裡補辦？」

「他有沒有錢？」難道美國是用護照在領錢的嗎？

「他會不會很難過？」干我屁事啊！

結果這位少爺就提前結束志工工作到利馬補辦護照去了，總共只待在這裡兩、三個禮拜。

我……必須誠實地說，我鬆了一口氣。

我認為年輕人出來走走看看，知道自己適合什麼不適合什麼也沒什麼不對的。只是當校長這麼久以來看盡人來人去，可能有些成見了吧？對Teresa的到訪自然也不太抱持什麼太大的期望。

## 捐出了全部遺產的Teresa

二〇一二年初正是ＨＯＯＰ創生期，如火如荼，內憂外患。沒錢沒資源沒組織，所有人幾乎是耗著老本燒著做的，沒有人知道到底做不做得成，這種氣氛籠罩著辦公室。「我會想辦法找錢的。」我撂下這句狠話就回台灣，其實也不知道該怎麼辦，走一步算一步。

說來說去都還是繞著錢打轉，這是現實問題。幸運的是有很多朋友的幫忙，帶了一些錢回去祕魯，讓組織還有獎學金計畫都可以順利做下去。抵達祕魯的時候，Teresa不僅負責一些學校業務，而且還在辦公室內工作了。由於她西文很好，所以在地的募款活動和一些文書工作是她在負責的。例如她會帶小朋友到某個餐飲店，讓該店當天的收入都捐給我們；她還曾說服pub店的老闆捐出一日所得，當另類募款。

二〇一二年五月，ＨＯＯＰ要正式成立了。這時候Teresa已經是學校某些計畫的負責人外加志工協調員了。這時間點對她來說也尷尬，九月，就是大學開學的日子了。要再留一年做NGO？還是回去念書？對一個十八歲的青年來說，似乎是一個抉擇。

某一晚，她問我喜不喜歡這裡？我說喜歡，因為這邊的訊息量很低，生活很單純，從社區居民的身上，我學到了很多東西，也知道這世界上有一群人，是怎麼樣在生活著的。

她決定再留一年。

十八歲的Teresa是跟我一起草創組織的好夥伴。

在台灣似乎很流行「無縫接軌」：國中念完念高中，高中念完念大學，大學念完研究所。但對Teresa的家族而言卻是鼓勵孩子出走，去看看不一樣的生活環境和狀況，簡單來說，也就是「Gap Year」的概念，把自己從「設定好」的人生道路中抽離出來，去旅行，去當志工，去實習，去流浪，去做點什麼事情。或許在這過程中你會發現對原本生活不一樣的看法和體驗，進一步地去影響你原本預想好的道路。

她的媽媽在七〇年代甚至去非洲當國際志工，三個兄長也都各自在世界的角落。不回奧地利念大學的這個決定也並非驚天地泣鬼神，家族內很快就同意了。

然而不幸地，六月，Teresa的爺爺過世，她返國參加喪禮。

她返回祕魯時，意外帶了三萬塊美金（約台幣一百萬）的捐款。

我當下感到很震驚，「這筆錢是怎麼來的？」

她說：「在喪禮時，家族親友聽到我現在做的事，覺得很有意義。這筆錢一部分是大家樂捐的；另一部分是爺爺留給我的遺產，兩筆加起來共三萬美金。」

我個人還沒有辦法做到拿遺產來做組織，「不過以我是你朋友的立場會勸你三思，不要全捐，留一點錢在奧地利；你把遺產都拿出來，我覺得有一點沉重了。」

「我不懂？全捐有什麼問題嗎？」真是天真又單純啊！我們的年紀、經歷不同，跟她聊天常聽她What來What去的，每一件事都很驚訝，不太理解這世界發生了什麼奇怪的事。

當然，這筆錢對一個新的組織已經是非常、非常夠用的了！既然她決定全數捐出，其餘的員工也都很開心地接受。眼前的經濟問題解決了。

Teresa從奧地利回到阿雷基帕後，馬上投入繁忙的工作。

## ＨＯＯＰ剛成立就要破產了?!

我們花很多時間補齊公家機關需要的公文和資金缺口，每天忙得焦頭爛額。年底某天，Teresa憂心忡忡地把我拉進辦公室裡，關起門。

原來她發現一封國稅局的來信。信中寫著ＨＯＯＰ在正式文件上的缺陷，限期在十二月底之前改正，否則就要受罰。算了算時間，眼看罰款是無法避免的了。「怎麼會拖了這麼久都沒人處理？」Teresa拿信給我看時我愣住了，馬上寫信去聯絡當時在旅行中負責這件事的原同事。

「喔，我早就知道啦！」一派輕鬆道。

我內心的小宇宙不知道爆炸了幾百遍，但理性運作下趕快把事情做好比較實際。Teresa接手處理爛攤子。禍不單行，這句話在祕魯也適用。一個星期之後，會計師說，ＨＯＯＰ快破產了。

「快花完了。」Teresa看著表單說。

「怎麼可能？」

聚餐的飯錢、機票錢（機票？）、交通費（搭計程車？）、電話通信費、某人的生日禮物（生日禮物？）、搬家的貨運、家具費用（啊！當初沒錢還吵著要搬家幹嘛？他們看中一間新房子，有前庭後院，蓋得像小城堡，決定搬離志工宿舍，花了一大筆錢）等等。

「喔，我早就知道啦！」原同事還是一樣的口氣回信。

這下子我就直接Skype開罵。

「什麼叫你早就知道了，你早就知道了不用負責嗎！錢你賺來的嗎？錢你募來的嗎？Teresa的那三萬塊美金咧？你把這些錢當作什麼？裡面還有我先墊的獎學金的錢耶！事情做不好也就算了，什麼叫『你早就知道』，這到底是什麼工作態度？」小女生大哭。

那些錢有些是可以省的，以前也都省了，但有些人看錢多就開始放肆了，毫不節制。我覺得些人的觀念是：有多少錢花多少錢，募款多的時候過得充裕，募款少的時候也可以省吃儉用。若用在個人身上我沒意見，你要怎麼花你自己的錢是你家的事，但問題這是一個組織運作的錢啊！

當然我也有錯，因為沒有盡到監督之責。

怎麼辦？只好重頭來過了。

二〇一二年年底，內憂外患再起。

幸運的是，有很多台灣志工和朋友願意支持。而Teresa也越洋向家鄉募款，把募款所得放進組織。二〇一三年五月，我們將組織的資金缺口補齊，把組織章程、架構，以及所有公家機關需要的公文全部完成。總共一年又四個月，Teresa和我終於把這些事情全部完成。當然不只有我們兩個人，還有所有幫助過我們的朋友們。

六月天的某個晚上，我們坐在辦公室裡喝東西閒聊。

「你知道嗎？我本來以為你只會待幾個月就走了。」我說。

「我本來也覺得只會待幾個月的，沒想到比你還晚離開祕魯。」Teresa笑著說。

「我有一點擔心去念大學的，因為遲了兩年。」

「對你來說是好事啊！因為你已經有能力選擇什麼時候該放鬆玩樂，什麼時候想認真念書了，沒什麼不好啊！」

三個十八歲的國際志工，有人可以做得轟轟烈烈，有的只是蜻蜓點水，有的不負責任，有人是媽寶。Teresa的故事或許是個特例吧！至少提醒我，年紀不應該是阻止你去做任何事情的藉口。

# 令人震驚的家暴事件

這個社區，窮困而封閉，落後而失依。

而被認為是爸媽的「財產」的孩子們，成了最無辜的犧牲者……

## 風雨前的平靜

Eddy來這裡之前我並不認識他，據他所說，他很早就寫信給我，但我始終沒收到那封神奇的電子郵件；他也在Facebook加我為好友，我看一看……嗯……不認識，算了，先擱著。直到Anna說，二〇一二年八月將有一個在美國拿到臨床心理學博士的台灣人要來時，我才把整件事串起來。「吼……超沒有台灣愛的，一個台灣人要來當志工你都不招呼……」為此他計較好久。

ＨＯＯＰ很想做社區題材，但一直沒有適合的人力。因緣際會下，一位在祕魯念心理系即將畢業的大學生荷西（Jose）想來實習，屆時Eddy也會在，我就讓他們一起合作。

我們的計畫分兩部分，一是社區媽媽，內容以關心媽媽與伴侶之間的互動、家庭暴力和鄰居相處等問題為主；二是小朋友，希望評估他們的家庭有沒有潛在的危險因子、在正規學校是否受到霸凌等，希望早期發現早期預防。

荷西做的心理評估方式是發給小朋友三張Ａ４紙，要他們分別畫樹、房子和人。樹代表爸爸、房子代表媽媽、人代表自己。他可以從小朋友畫的內容（例如房子的大小、煙囪的顏色、門的位置、人是否微笑等）推斷是否有問題；連小朋友怎麼把紙接過去、畫畫的筆觸、圖的結構……都有意義。Eddy說：「就像是具有科學根據的算命。」

由於Eddy不會西文、荷西不會英文，所以我成了翻譯，其實我還滿享受的，因為可以從中學到有趣的心理學知識。

在這次的「心理測驗」中我們的確發現一些具潛在危機的家庭，包括Brishel。他們根據她的繪畫覺得需要注意家暴，不過我們還來不及輔導，事情就爆發了。

## 老師救命，我爸爸揍我！

那天傍晚，教室正進行心理測驗，我在整理花圃，一個街頭少年突然衝進來，

「Teacher Li，有人找你……」聲音急促，上氣不接下氣。

「誰？」

「一個女生，她在外面一直哭……」我跑出去看，是Brishel，她不斷抽噎，全身顫抖，我一手摟住她，「你怎麼了？」

「我……爸爸打我姊姊……用……用鐵條打……我們……跑了出來……」

「你姊姊呢？」

「在……電線杆那邊……」

我衝向電線杆後方的空地，看到穿著制服的Brigitte坐在地上哭，哇哇哇……哭聲尖拔而淒厲。

「給我十秒鐘，在這邊不要動。」我衝回學校把荷西叫來。此時正值「操場時間」，我請志工把小朋友全帶去操場，清出一間小教室，讓荷西在裡面為她們做心理輔導，同時也把Eddy叫來。

「現在只有我們了，放心，慢慢說，到底發生什麼事？」荷西問。

「……爸爸打我。」Brigitte停住發抖跟哭泣，硬擠出這句話。

「為什麼？」

「……他下午回來……看我沒去學校……很生氣……問……為什麼沒去學校……我說……因為月經痛……然後他就……」

「他用什麼打你？」

「用××打……」荷西後來解釋那是某種汽車的金屬零件。

「打哪裡？」

「打背、打臉、打肚子……」

「報警吧！這已經不是我們能處理的了。」Eddy說。

我不知道這裡的警察是否會像台灣一樣需要「拍照存證」，但我本能想馬上幫她處理傷口，便問在地人荷西：「可以先幫她擦藥嗎？」他說可以。

在Brigitte掀起制服的那一刻，我目瞪口呆，不知該如何形容那驚悚的畫面。她的背皮開肉綻，一片紅腫，凸起的傷痕呈X形，顯示她爸爸是左右開弓，其中一個明顯的紅色圓形印子，應該是某種金屬物品。此外，她的側腰、胸部都有傷痕，嘴巴也破皮，我的心情激動又憤怒，當下的第一個念頭真想把她爸給殺了……我在破皮滲血的地方塗上抗生素藥膏，蓋上紗布，我的眼眶濕潤，心疼不已。

這個社區，窮困而封閉，落後而失依。我不斷用溫和的語氣撫慰Brigitte受創的心靈，「沒有人可以這樣打你，看到爸爸喝酒發脾氣你要保護自己，你要躲，閃開暴力，萬一被打一定要求救……」她淚眼潸潸地點點頭。

其實我們上個星期才去拜訪警察局，讓他們知道有「英語學校」這個組織，希望建立某種合作關係，然而今天的狀況卻是我最不樂意見到的。

不到十分鐘，警車來了。速度算快，我慶幸上星期完成與警察局合作這件事。好險是操場時間，小朋友都不在，不然這景象一定嚇壞孩子們。

然而，Brishel一看到警察嚇得躲到我後面，我們不斷跟她解釋：「不要擔心，他們是來幫你的。」

警察做完簡單記錄後，試圖聯絡媽媽。但她在田間工作，收不到訊號。

「先帶她們去警察局暫時安置吧！」警察說。

我、荷西和兩姊妹都上了警車，警察說繞到她們家看爸爸在不在。

警車在她家門前停下，三個警察先下車，兩個小女生也跟著下來，「你們有沒有鑰匙？」她們搖頭。

敲門。沒人應。

等了一會，我們決定放棄，先回警局再說。

我們一行四人被喚到「家庭」部的門口等，外面的天色逐漸暗下來。我想她們應該累壞也餓了，於是先到外面買食物給兩姊妹吃。

「進來。」家庭部門的女警喊道。

說是「部門」，不過是一間三坪不到的小房間而已。裡面擺著兩張書桌、兩張椅子、兩台電腦和一台古老印表機。兩姊妹坐在椅子上，我跟荷西則站在門口等。

「你是誰？」她一定想，怎麼有一個亞洲人在這裡。

荷西介紹我的身分，並重新解釋一次事發經過。女警邊打量我們，邊拿出各式表單，然後頭轉向電腦開始打字。接下來是持續一個小時不帶感情地問話：家住哪邊、媽媽在幹嘛、念什麼學校……告一段落後，荷西問女警後續的處理方式。

「警察局這邊沒有辦法單獨安置小朋友，基本上還是由媽媽做主。如果媽媽選擇去收容所，我們就會帶小朋友先去醫院驗傷，然後去收容所住。」女警冷冷地回話。對於家暴，警察看太多了。

「如果媽媽決定帶小朋友回家，不是很危險嗎？」我問。

「這個沒辦法，因為這已經不是第一次。她們的爸爸之前也打過她們、打過媽媽，一樣來警察局做過筆錄。在這邊還是以媽媽的意見為主，我們沒有權力把小朋友帶走。」音調不變的女警說。

「所以只要媽媽同意，小朋友就沒有選擇的權利？不必強制隔離？不需要社工師或心理醫師的介入？」

「沒錯。」

這什麼鬼話？我走出小房間跟荷西抱怨。

他向我解釋，在這邊，小朋友還是爸媽的「財產」，這件事情是因為剛好小朋友跑來學校求助才爆開；但很多狀況是鄰居明明知道某家的爸爸喝酒打人，不會出面阻止，不會幫忙，甚至警察上門問狀況也裝傻，深怕這位醉鬼爸會報復。所以被家暴的婦女往往時間一過，丈夫哭求後又重聚，隔幾個月（甚至更短）故事又重演，小朋友就成了這種結構下的犧牲者。

## 媽媽，我不要回家……

Eddy結束學校的工作後也過來，我們一群人坐在塑膠椅上等待。Brigitte拿著我的手機不斷地撥號；終於，媽媽的手機通了。一個小時後媽媽出現了，母女三人又再次塞進小房間裡面做筆錄。

Brishel不知道聽到什麼，突然跳起來說：「我不要回去、不要回去……」媽媽略帶遲疑地看著兩個女兒，女警則是一臉冷酷地整理她剛寫好，列印出來的數十張文件。我心想：「當然是去安置所啊！」但是對一位帶著兩個小孩子的媽媽而言，這不是容易的決定。

她來自庫斯科，在這裡沒有任何親朋好友，身邊唯一有的就是會打人的老公跟兩個孩子。運氣好的是，她是家裡面的經濟來源，很多狀況下男性是家中唯一收入來源；換句話說，如果這個收入來源同時也是暴力來源，遠離暴力來源勢必會遇到的第一個難題是：晚餐在哪裡？但至少她們沒有這個困擾。

我們學校很多家長都從其他城鎮來這裡找工作，實際上發生問題時都求助無門，家暴事件層出不窮，不斷上演。

「太太，你聽我說，他不會變的。」女警冷冷地丟出這句話。雖然她剛才對待小朋友的態度讓我很不爽，但她說出這句話時，我心中卻是鼓掌叫好。

最後媽媽同意去安置所。

此時，已是晚上九點。

Eddy說，他永遠希望這是最後一次，但令人沮喪的是，依過去的經驗，有九成以上的機率，媽媽會帶著孩子回到爸爸身邊，而下一次的家暴，只會更嚴重。

事實證明他說對了。在安置所住兩、三天後，母女三人搬到朋友家住。我們幾乎是天天打電話關心，問她們吃得好不好，有沒有衣服穿。一個星期過去，Brigitte到英語學校來說：「老師，我們搬回家了。」

或許他們早就習慣這樣的宿命。

她說：「爸爸答應不會再打我們了，但是不准我們再到學校。」因為她家人原本想大事化小，沒想到我們把事情搞大。「但是你放心，我們會偷偷地來。」我心中嘆氣卻不動聲色，笑著摸她們兩個的頭，「學校什麼時候變成需要『偷偷』才能來的地方了？」

我其實並不氣她們的媽媽做這個選擇，在這裡要女性獨立自主的聲音與教育還是少了些，整個社會提供的資源很有限。被孤立、無助、猶豫、擔心……或許有更多的情緒我無法理解，也無法提供協助。對於施暴者，社會沒有公權力介入，除非你今天是在路上打人，否則「清官難斷家務事」這句話就像片烏雲從東方飄來，盤據不去。

後來我們一起檢討這件事，幾個志工決定出點小錢幫Brigitte弄一張SIM卡，給她一台簡易的手機。「有任何事情，打給我或是打給荷西。號碼你都有，對吧？」她點點頭。

「記著，有事就打給我們。」

## 孩子是最無辜的

家暴事件落幕後，我讓所有小朋友知道一件事，沒有人可以被家暴，被家暴一定要反抗，要撥電話求救，而這個聯絡系統已經建立，就貼在學校的牆壁上，同時我們也從「心理測驗」工作坊中發覺幾個有問題的孩子，並且都給他們一支電話號碼（類似台灣的家暴電話），讓他們知道受害可以找到協助，不用一個人承擔，至少來這裡求助會有人幫助你。

一位志工有感而發地說：「你本來是來教英文的，卻當了社工師，應該很有成就感吧？」我說：「我只是因緣際會處理了這個案子，根本談不上什麼。」不過感觸倒很深。

在台灣，我也常在醫院看到家暴事件，不過當時的角色是醫療者，處理完傷口就直接轉介。但在祕魯卻是從另一個身分介入這類的案件，或許因為接觸時間長所以多了些感觸。

「孩子是無辜的」這句話，直到這次事件我才真的體會深刻。因為在這樣的社會經濟心理結構下，這些生命必須去承受，而這些承擔對孩子是不公平的。

# 台灣志工在祕魯

我知道我們不是孤單的，因為不管這種社會存在著多少否定，我都可以在某些時刻，在某個人身上，見證到那股做決定的勇氣。

## 工程師老蕭：世界末日前跟你說聲「嗨」

二〇一二年十一月，當時有一個正在環遊世界的背包客抵達祕魯時，聽說有個台灣人醫生不當跑來阿雷基帕當志工。他覺得很酷，便繞進來一探虛實。我們一見如故，他姓蕭，我稱他「老蕭」。

說實在的，要比酷，老蕭環遊世界的理由才是箇中高手。某天老闆叫他進辦公室，拍拍他的肩說：「幹得好，公司打算幫你加薪。」他卻回：「我要辭職了。」老闆嚇了一跳，問他為什麼。「因為二〇一二年十二月二十二日是世界末日，所以我要去環遊世界。」

「世界末日前跟你說聲『嗨』」，就是他環遊世界的主題。

由於要說「嗨」的人太多，老蕭只能在阿雷基帕待三天。

第二天英文課結束後，他跟著志工們帶小朋友到操場玩。這裡沒什麼娛樂設施，有的只是一些簡單的體育器材；說是簡單，其實是簡陋——幾顆快消氣的球打來打去、幾條破舊的繩子用來跳繩、幾個三角錐排一排拿石頭丟，看能打倒幾個、抓魚遊戲（小時候玩的鬼抓人）、小女生玩的扮家家酒……小朋友樂天知命，連一個瓶蓋都玩得很開心。

老蕭看到快斷的排球網掛在球架上晃來晃去，靈機一動，問我：「可以做個盪鞦韆給小朋友玩嗎？」

「當然可以啊，求之不得！」學校好的東西不多，壞的椅子倒不少。老蕭是個結構工程師，做個盪鞦韆對他來說只是一塊蛋糕。

他就地取材，把壞掉的木頭椅子拆開變成盪鞦韆的底座，再用兩條尼龍繩在兩端打上活結固定，然後掛在籃球架上，簡易版的盪鞦韆就大功告成囉！

第三天，也是鞦韆正式上路的第一天。鞦韆瞬間成了新寵，我第一次看到有這麼多小女孩願意排隊玩遊戲的，老蕭也意外地成為她們心中的偶像，他看著孩子的笑容，感嘆這趟旅行來得太晚，不過卻是最難忘的插曲。

## 心理學博士Eddy：我是來這裡做牛做馬

「喂！李大媽！來幫我翻譯一下啦！」Eddy隔著牆這樣叫著。

「誰跟你李大媽！」我邊走邊把話給嗆回去。

二〇一二年六月Eddy的造訪早就定局，等到日子近了，我們透過網路把一些學校目前的狀況告訴他，其實也是暗示他說目前志工人數不足，來了之後可能要多幫忙些。

「我是來度假的耶！」他下飛機的時候這樣嘟囔著。

「誰理你啊！我都特地來接你飛機了，報恩吧！」

六月正值ＨＯＯＰ成立初期，志工人數太少的情況，有時候我們得合班：一個老師負責一起帶幼幼班和初級班，或是把中級班與高級班合併上課的狀況。Eddy一來就被我丟到初級班去，但是他一句西文也不會說，所以暫當幼幼班教師的我偶爾得充當翻譯。

愈到年底接近，慢慢地有一些台灣人加入，教師危機才漸漸解除。

「Eddy，去儲藏室拿衛生紙放到廁所去。」

「游游幫我把水管接進來。」

「Eddy，送那個小朋友回家。」

「Eddy，那個……」

「我才剛在美國拿到博士學位就來這邊幫你做牛做馬耶，不要再碎碎唸了啦！」

他抱怨著我愛管東管西又豆子嘴豆腐心，就說：「你這種性格跟一個大媽沒什麼兩樣嘛！」然後就管我叫「李大媽」，久而久之大家就跟著叫了。

「Why you guys always call Li『DA MA』?」Teresa有一天忍不住問。

「Because he always like a big mama！」

Eddy在美國的時候跟朋友一同募集了一些文具、學校用品，解決了英語學校那陣子物資短缺的問題；他跟荷西一起完成了心理學講座和篩檢，也經歷過去年年底發生的家暴事件。那件事之後小女生的情緒狀況有時候不太穩定，對陌生的成年人會感到害怕、退縮，但會霸凌同輩的小朋友，不安全感很重；還好有Eddy在，因為那段時間裡，小女孩總是寸步不離地跟著他。

隨著台灣人漸漸增加，瘋狂的我們開始構思有趣的舉動。我請朋友從台灣寄乾粉圓過來，二〇一二年十月，辦了個台灣生日趴，煮珍珠奶茶請所有的朋友喝，還逼著所有人都得說：「台灣生日快樂！」那年十二月，跑到墓園去拿著自製標語支援台灣的「反媒體壟斷」，還把照片放上網路；最後，還在馬丘比丘上面升旗（那是我第四次造訪馬丘比丘）。

「只單單舉國旗太沒有意思了啦！」我說。

「那不然倒立好了。」Eddy說。

其實在世界文化遺產舉旗是需要事先申請的（想也知道我們沒有），在經歷了無數次的失敗和躲躲藏藏後，我們成功在馬丘比丘倒立升旗。

二〇一三年一月，一轉眼Eddy就要走了。

我辦了個歡送會。請其他志工先支開Eddy，然後把所有的小朋友都聚集到幼幼班的教室裡。

「今天啊，是誰的最後一天？」

「Teacher Eddy！」小朋友大聲地說。

「那等下，你們要跟他說什麼？」

在這個時候，其他志工領著被矇著眼的Eddy走進來。揭開。

「Thank you teacher Eddy !」

幾個幼幼班的坐在他腿上喝著果汁，初級班的小朋友和媽媽們不斷來求合照，唯獨Lucero死都不肯讓Eddy抱。

「最後一天了耶！讓我抱一下嘛！」Eddy在教室裡面追著她跑。

「ＮＯ！」Lucero鑽進桌子底下。

Eddy總是戲稱著「我的女兒們」。一起上課、一起在操場玩耍，偶爾陪我來學校走走，他跟幾個女孩子的感情真的很好，而這些「女兒們」之中，最黏他的應該就是Brigitte。歡送會當天正值星期五，公立學校有活動，Brigitte沒辦法來。前天晚上，Brigitte幾乎是哭著走回家的。我們實在不忍心，週末又跑回學校去，我打電話給她：

「你要不要過來公車站牌這邊？我跟Teacher Eddy在這裡。」

十分鐘之後，我見她從遠處飛奔過來。我走開，讓點空間給他們。

Eddy矇上眼，跟著志工走進教室。

「你不要走好不好？我會好想你好想你好想你……不要走不要走不要走……」她拉著Eddy的手

他輕輕地把帽子放在Brigitte的頭上，然後緊緊抱住她。

連續三天，我都看見Brigitte戴著那頂帽子來學校。

我們現在都還在計畫著，要什麼時候再回祕魯去看看孩子們。

「大媽你知道嗎？我真的好想祕魯喔！」他說。

「我昨天見一個個案，她的名字叫Lucia。但是訪談的過程中，我一直把她的名字叫成Lucero。」

「我看著你那天傳給我Brigitte的影片，巴不得馬上就回去。」

## 工程師游游：這裡的每件事都很純粹

二〇一二年年底加入的另一位台灣志工叫游游，政大資訊科學研究所畢業的他，原本在台灣一家外商公司擔任軟體工程師，但他覺得二十幾歲應該是人生的黃金階段，「我不想把人生最精華的部分，花在當跑滾輪的小老鼠……」對於「每天工作，賺錢花錢」的日子感到厭煩，所以存夠一筆錢就出來了。他的目標也是南美洲，原本計畫在每個地方待三個月，剛好從網路上得知我在這裡就先過來，沒想到愈留愈久，後來乾脆做一年。

在一次閒聊中，我問他在阿雷基帕當志工的感想。他說：「在祕魯很快樂，主要原因是每一件事都是自己想的、喜歡做的；人生會遇到很多狗屁倒灶的事，但這裡的每一件事都很純粹。」

「有一次我走在路上，突然發現某個孩子長高了，竟然差點想哭。他拉著我的手說：『陪我回家好不好？』」

「那有什麼問題。」他回著說。

小朋友的家沒有隔間，院子放了一些雜物，養了幾隻狗，寵物和人都和平共處。

小朋友問游游：「你有兄弟姊妹嗎？」

「有啊！」

「幾個？」

「我有一個妹妹。」

「你們都住在房間裡嗎？」

「對啊！」

「都睡在床上嗎？」

「對啊！」

小朋友臉上露出羨慕的表情，原來她跟媽媽一直都睡地板。

游游說：「很多時候我們覺得理所當然的事，其實都是一種幸福。」

另一個大男生阿楷則是Wesley的國中同學，剛退伍，想找點事情做，二〇一二年二月我在台灣跟他打了個照面，原來他家人對他要一個人來南美洲有些緊張，要他多做些功課。

「安啦！我們人都在那邊，有什麼問題。」我說。

## 「Team Taiwan」成了主力志工團

地域性和語言教育上的因素，台灣志工的西文都不算太好。但說實話，真的沒差。在學校我們也鼓勵志工和小朋友以英語溝通，其餘在地生活簡單用字即可。行前對於語言障礙的擔心真的是多餘的。到了二〇一三年，有六個台灣志工在ＨＯＯＰ幫忙，是目前為止人數最多的一年，Teresa還戲稱這是「Team Taiwan」。說實話我們還真的很像一個團隊，煮飯、吃飯、上街、散步、出遊、工作……幾乎都一起行動。

身為校長，我也真的很感謝有這麼多台灣人的幫忙：阿楷幫我解決了長久以來儲藏室管理和盤點的問題；游游把操場時間管理的很好，而我最感謝的，就是課輔時間，「Team Taiwan」是再主力不過了。

時間推到二〇一二年，開辦課後輔導後，有愈來愈多的國、高中生拿著數學、物理和化學作業來學校的時候，我只能叫他們排隊等，因為除了我之外沒有別人會。

「我嚴重懷疑這不是數學。」曾經有一個美國大學女生看完Elizabeth的作業之後跟我這樣說。

小姐，那只是二元一次方程式啊……（抱頭）

有時候也不能怪志工們，他們的數學作業有時候還真的有一點難。

「我不懂為什麼小朋友要學怎麼用手算開根號，不是有計算機這種東西嗎？而我更不能理解的是，為什麼Li你會算這鬼東西？」有一個志工這樣對我說過。

最經典的是，有一次Percy的數學作業，讓我、Teresa和一個英國數學系的男生在學校待到晚上八點還只解出一半，再這樣下去我們都得在學校打地鋪了，只得宣告放棄。我摸摸Percy的頭跟他說：

「放心好了，我跟你掛百分之百保證，你們班絕對不可能有人解得出來剩下的這些題目。」

現在可好了，台灣志工每個數學都比我好。

阿楷負責Elizabeth的妹妹，我可以專心搞定另外一個男生的物理作業，老鄭可以看另外一個女生的國中數學，游游從操場回來的時候還可以幫忙Elizabeth！天助我也……

只要每個人多做一點……

兩年多來，看過形形色

「Team Taiwan」的可愛夥伴們。

色的人，很多時候因為考量到現實因素（也就是錢），在窮困潦倒的時候，ＨＯＯＰ也只能咬牙為了錢把篩選條件放寬一點。而這個「放寬一點」，有時候造成了一些問題。所以只要志工願意多做一點，多負責一點，對組織來說真的就是莫大的幫助了。

我教幼幼班時曾來了一個國際志工，不，應該說一對，因為是母子檔，連媽媽都跟著來了。

他們來自美國，媽媽幫忙帶幼幼班，兒子則在某一班當助手，不過他不會主動做事，而媽媽的工作其實是幫兒子拍照，一旦他兒子跟小朋友玩，或抱起幼幼班的小朋友，她馬上衝上前拍照，再把照片貼在臉書上，圖說是「兒子來祕魯當志工，很有愛心喔！」她一貼上，下一秒鐘，遠在美國的親朋好友全都知道了。

一個禮拜內，她拍了很多照片，大概照片量已足夠，便說有事要提前返國。說穿了，她的目的達到了——兒子可以拿這些照片去申請學校了。

另外一個人未到，就已經先在推特預告的美國志工——「想要體驗祕魯的生活嗎？Follow Me！」她叫Nicky，一個二十一歲從ＬＡ來的奇女子，穿著活脫脫就是從好萊塢走出來的模樣。

不過，她體驗志工的方式令我百思不得其解，她大概是我見過第一個穿著全白流蘇邊洋裝，踩著高跟鞋走進這社區的志工吧！

我心想，你來之前應該知道這裡長怎樣吧？你穿這樣有辦法工作嗎？果不其然，「操場時間」，這位小姐就拿一塊布坐在角落。小朋友問她要不要一起玩，答案一律是「ＮＯ」。

兩天後，她開始意興闌珊，教師的清潔工作就更別說了，她怎麼可能穿著洋裝去刷廁所、倒垃圾？

某一天晚上，我看她一個人坐在餐桌旁剪剪縫縫的。

「你在做教材嗎？」我問。

「喔，我在做明天去玩要穿的衣服啊！」

典型的「上班一條蟲，下班一條龍。」一下課精神就來了，活蹦亂跳，週六假日都在ＰＵＢ跳舞，豪邁且奔放。

不過，這位小姐也算有自知之明，做了一個星期就知道自己不適合，打包走人。留下一身華麗的白衣印象在Flora Tristan中。

不過謝天謝地，他們都是短期志工，過過水就走了，沒留下太多影響。

或許是距離因素的關係，台灣祕魯相距一萬八千英里這先天的門檻已經過濾掉一些不適合的人：願意自付一張超過二千塊美金的機票出國當志工？再者，ＨＯＯ

Ｐ的官網是西英雙語的，要申請當志工就得先寫信給志工協調員說明來意附上英文履歷，光這點對台灣人而言可能也是一大門檻了。

二〇一三年一月，我在台灣接到一通媽媽打來幫兒子詢問當志工的電話。

「我們組織的工作內容跟需要條件都寫在網路上，有興趣可以看一下囉。」

「喔……我其實是幫我兒子問的啦！」

「喔……請問你兒子幾歲？」

「十八。」

「那就請他自己上網看，如果他有興趣再請他上網填表格就可以了。」

「會不會很麻煩啊？都是英文的耶！」

「（努力把理智線接好）……我想看懂網頁是最基本的，如果他真的有興趣就會自己研究了。」

這似乎也變成了一種趨勢（或許早就是了），為了申請到比較好的學校，為了申請醫學系，有經濟能力的家長開始把小朋友往外丟，那一紙「志工證明」是為兒子／女兒成功的墊腳石罷了。我也遇到兩個從紐約來的ＡＢＣ，他們跟我用中文明白地說：「我們要申請醫學院，當志工只是要一份證書而已。」

這樣做對嗎？或是說，這樣做好嗎？

其實這也只是一連串「制度」之下的產物罷了。在此我也不願意討論太多，至少在祕魯的那段日子裡面，因緣際會地認識了很多同好。我早就知道我們不是孤單的，因為不管這種社會這個現實存在著多少否定、多少遲疑，我都可以在某些時刻，在某個人身上，見證到那股做決定的勇氣。不管是磁場相近，或者是緣分，至少對我們的抉擇衷心感到快樂。

# 祕魯醫院大歷險

在這裡，急診掛號要填三大張單子，看診得等醫生先吃飽午餐……

其實，很多事情可以做得更精緻一點，只是要不要做而已。

## 老師，我骨折了！

那天是週五，我有額外的組織業務要做，所以沒去學校。

「大媽！他們忘了帶鑰匙了啦！怎麼辦？」游游打電話回來。

「好，等我十五分鐘。我坐計程車過去。」

唉……計程車很貴耶……這些人！

我跳下車已經是三點半。計程車司機拒絕把車開到碎石子路上，所以我只好在大馬路上下車，一路往學校衝，這時，有兩個志工跟一個小朋友朝我過來。

「發生什麼事了？」

「有一個小朋友跌倒了，好像有一點嚴重，我們要去找他媽媽。你來了正好。」

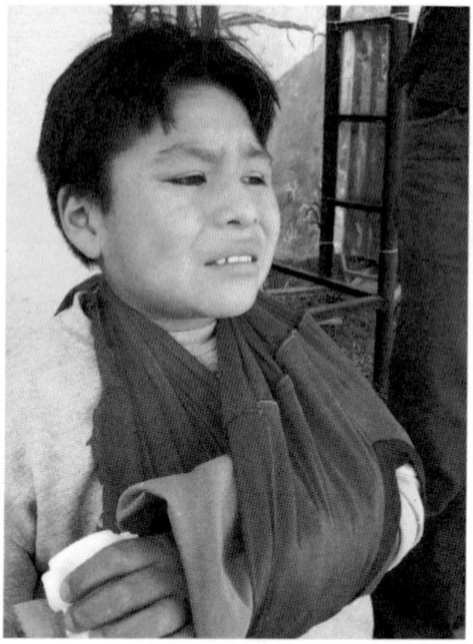

「我去看看。」

一到學校，我看到Brigitte的弟弟Hernan手上拿著冰棒，坐在地上哭，游游則在一旁安慰他。

他的左手臂下方有一根木頭墊著，紗布纏手。

「木頭，不會吧！」

「Hernan，怎麼了？」說話的同時我把冰棒拿開，把紗布剪掉。

前一天我才幫志工上課，剛好談到骨折的處理方法，所以游游是現學現賣。

「我跌倒了……哇啊！痛！」他尖叫、大哭。

「沒關係，我來看！」我把繃帶拆開，一看就確定手斷了，還好骨頭沒穿出來也沒外傷。

處理骨折有固定方式：要有一塊木板固定、用三角巾綁起來。由於學校沒有這些東西，我只好把教室壞掉的椅子當木板、一件不要的衣服剪成三角巾，把剩下的紗布捲成手捲狀讓他握著。

「我幫你固定一下，會有一點點痛，你是男生要忍耐喔！」

哇……我處理的過程夾雜著他大量的尖叫和眼淚。

這時他媽媽來了。

「我想這應該是骨折，可能得去醫院一趟。保險卡跟身分證有帶嗎？」她點點頭。

祕魯有全民健保，叫做ＳＩＳ。不過只有特定的公立醫院收ＳＩＳ病患，而ＳＩＳ也並非是「吃到飽」不用錢，超過一定額度或疾病嚴重者，民眾得自己想辦法了。「骨折而已，應該有包括吧？」我猜。

我們搭計程車先去Posta。Posta其實是「門前診所」的概念，他們會做一些簡單的處理，再給轉介單才有辦法去醫院看病。

第一次走進Posta，我的「醫師魂」就發作，到處看看。Posta有一點像台灣二十年前的衛生所，只是再大一點，有幾個不同的診間。我們在急診室門口等一會，就被請進去了。急診室沒有檢傷櫃檯，也沒有親切的護士幫你量血壓，喚我們入內的阿桑丟了張椅子給Hernan坐著就不見蹤影了。診間內有一位女醫生帶著兩位外科助理在縫一位阿伯的手。

「怎麼了？」那個女醫生轉過頭來問。Hernan的媽媽解釋先前的狀況。

「這裡有Ｘ光嗎？」我問。

「沒有。」

「你們可以處理骨折嗎？」

「沒辦法。」

「那怎麼辦？」

「要去醫院。」

「要寫轉診單嗎？」

「不用。這是誰固定的？」

「我固定的。」

「你包得很好。」

「謝謝。」

於是我們又搭計程車去一家公立醫院。

## 掛號掛到天荒地老

這家醫院在市中心，建築物不超過五層樓，正門口還有個小公園，看起來挺不賴的。急診室的入口在停車場旁邊，一下車，媽媽就先去掛號。

這裡的掛號超乎想像得離譜，媽媽要寫三張Ａ３大的紙。為什麼是三張？因為沒有複寫紙，就得重複謄寫。接著是檢查證件，受傷的小朋友就晾在那兒，沒人管。

媽媽寫完Ａ３的三張紙後便是等待，無止盡地等待，大概等了半小時後，醫生來了，把繃帶拆開來，「這要照Ｘ光。」那三張紙一張是掛號、一張批價繳費，一張拿去照Ｘ光，是一段漫長的流程。

等待時間，我往病房區走，「高級」一點的病房是六到八人房，病床之間用綠色的布簾隔開，每個床頭擺有超大支的氧氣鋼瓶，外加一張木製陪客椅；差一點的狀況就是一個大空間，十到二十張床不等，擺設如同其他病房。一個個木頭製的治療車散落在走廊，酒精則是用我國中時候化學實驗課的大玻璃瓶裝著……

十五分鐘過去，手續終於辦好，我們走進急診室。急診間是一條長廊，有著不同科別的診間：外科、創傷科、小兒科、心臟科和內科等等。我們進入創傷科診間。

門口有張辦公桌，一位年輕的醫生助理或醫生坐在那邊，桌子面對是三張鐵製的病床，床墊是黑色塑膠，像是台灣偏鄉地區衛生所會出現的黑色診療床。

「怎麼了？」這位年輕的醫師打量了一下我們。

「他跌倒了，手可能斷掉了。」

這時候一位留著落腮鬍的中年醫生走了進來，他的白袍比較像是有拉鍊的半身白衣，他很性格地只拉了一半，大片的胸毛就這樣坦露在所有人面前。

「哪裡斷掉了？」

「遠端尺骨。」我忘記尺骨的西文怎麼說，情急之下只好講英文外加手勢。

他看了我一眼又看了Hernan的手，口頭唸了醫囑要那位年輕醫師寫下：

Left forearm AP + lateral view（左側前臂正面與側面照）

光這句話就要寫在三張不同的紙上，我真是不懂為什麼。我們拿著三張紙到放射科門口等。開門出來的是一位約莫四十歲的阿伯，他看了看單子，冷冷地叫我們都進去。

「把手放在這個板子上面，把那些東西都拆掉。」他把片子丟在台子上就回隔壁房。

這什麼態度？

「Hernan，現在要拍照，我要把這些東西都拿掉，你不要擔心喔，會有一點點痛，要忍耐。」

他點點頭。

我把三角巾解開，紗布拿走。手的狀況和血液循環都還好，最後把木頭也拿開，把他的手放在片子上面。

「那些東西都用不到了，這裡是醫院！」阿伯從隔壁房間裡面喊叫著。

「好啦！要拍了，不要動喔！」他把門關起來。

等下！Hernan的鉛衣（阻擋X光用）咧？我跟他媽媽的鉛衣咧？你就知道要把門關起來，我們兩個就在X光室裡面接受X光的洗禮，這樣對嗎？你……

正面拍完，阿伯過來走把Hernan的手轉到側面，他痛得大叫。然後阿伯再以迅雷不及掩耳的速度躲回小房間，留下我跟媽媽再次接受輻射線。我下意識地轉身背對X光機，雖然這沒什麼用。Hernan媽還很疑惑地看著我的動作。

「好啦！拍完了！來！我教你手怎麼擺。」他把Hernan的右手拿去扶左手肘，然後把Hernan的整隻左前臂就擱在右前臂上面。

醫生回到診間，開口叫年輕醫師寫下醫囑（又是一樣，三大張），媽媽帶著這三大張醫囑到藥局去買棉花、石膏捲、乳膠手套、Lidocaine（麻醉藥）、紗條等用品。

「出去出去，都出去，媽媽留下來，我們要做治療了。」豪氣萬千的醫師很有魄力地趕人。

我們在外面等著，聊天。二十分鐘過去了。裡面一點動靜都沒有。我走過去診間看一下狀況，發現門是開著，裡面只是媽媽跟Hernan在。

「醫生呢？」我問。

「他說他先去吃飯。」

你開玩笑吧？剛剛的豪氣萬千呢？我可以理解做急診肚子餓是什麼樣子，跟我們說句「我先去吃飯，等等回來」就好，把我們都趕走然後你跑去吃飯到底是什麼意思……

二十分鐘過後，醫生回來了。我們又再次被請出診間外。我跟媽媽解釋他們會試著把Hernan的手「拉一下」再上石膏，這麼一來骨頭「長」的時候會「比較直」。不過，我不知道等一下醫生會不會上麻醉藥，所以等下應該……

「啊！不要！啊！」Hernan在裡面大聲尖叫。

我擔心的事情還是發生了。小朋友不斷尖叫，哭到癱瘓。媽媽聽到小朋友在診間裡面尖叫，眼淚就跟著掉了下來。

半個小時之後，我們進診間去。Hernan還躺在病床上，左手從手肘到手掌都上了石膏。

「三角巾呢？」

「那個你們要自己想辦法。」帥氣醫生揮了揮手。

非常好。當初是誰說「這裡是醫院，那些東西用不到的？」

我扯下圍巾，簡單地在他石膏上繞兩圈，並在Hernan的背後打個活結，方便他回家調整；然後再脫下外套讓他披上，綠色外套在他身上活像件斗篷似的。

「好像小哈比人，好帥喔！」我安慰他。

「小哈比人」Hernan。

## 窮人沒有生病的權利？

身為醫生，我親身經歷了祕魯醫院的醫療體系後頗有感觸。我跟一位祕魯朋友說，這些耗材在台灣不用額外領，診間就有，用多少醫生會自己記錄，最後再請病人批價付錢就好；在治療小朋友之前，我們會先跟家長解釋接續會發生什麼事情，小朋友會哭諸如此類的，讓家長先有心理準備。

「很多事情可以做得更精緻一點，只是要不要做而已。」我說。

祕魯的醫療像學校一樣，也分「私立」及「公立」。私立診所設備好、服務好，但收費昂貴。我曾帶小朋友去看眼科，最後批價後付了台幣二千三百元，相當於孩子父親一個星期的薪水。這位朋友說，其實只要你有錢，絕對享受得到如貴賓般的待遇。「La Clinica Arequipa」是當地最好的私人診所，座落在國際俱樂部的對面，遠可眺望聖山Misti、近可細看河岸美景；要入內亦可，門票需台幣一千二百元，其他費用另計。

曾經有一個五歲的當地小朋友在診所門口昏倒了，但是裡面的人就是不肯出來幫忙，最後只好叫救護車把他送往別的地方去，結果如何，不得而知。

如果這件事發生在台灣，會引起多巨大的輿論風波……

# 美國運通補卡記

早上九點我從祕魯打電話到台灣客服中心，晚上九點已經在用信用卡買東西。第一次，我因為客服做得太好而雞皮疙瘩掉滿地！

## 我的電腦不見了！

那是二〇一二年五月的某個週五下午，學校異常忙碌，在學校小小的中庭有兩個活動同時進行。一是社工師與社區媽媽的工作坊；而另一個角落是一位美國的國際志工返國後想捐贈每個小朋友一雙鞋子，其他志工忙著丈量他們的尺寸。

這裡小朋友的鞋子很少完好的，有的是大腳趾處破一個大洞，下雨天水就灌進鞋裡了，有的破舊到幾乎無法再穿。他離開後寄一筆錢要志工們買新鞋子給他們，所以我想先丈量小朋友腳的尺寸，挑選他們要的鞋子的顏色。

這時，一個社區家長突然跑進學校找我，「奧斯卡倒在馬路上抽筋，口吐白沫，你趕快過去……」

奧斯卡是英語學校的學生，他有發展遲緩、癲癇的問題，二十幾歲了，但是心智發展可能只有十歲左右。其實他在學校幾乎學不到英文，我們覺得把他留在學校兩、三個小時，至少他不用在街頭流浪，不會跟一些街頭少年鬼混就好。等我從外面處理完奧斯卡的問題回學校的時候，已經是下午五點半。

那段時間很混亂，學校的門是開著的，教室的門也開著，當時有新的志工、新的家長、一群小朋友……大家都找我處理事情，等忙完準備回家時，放在桌上的筆電竟不翼而飛。

看到空蕩的桌子我真的是背脊發涼。找了半個多小時，就是沒有。

你在開我玩笑吧？

你在開我玩笑吧？

你在開我玩笑吧？

我在心中不斷地重複這句話。學校所有的相關文件、照片、資料都在裡面，換句話說，筆電不見跟右手不見是一樣的道理啊……

在旁幫忙找的一些社區媽媽、爸爸為我抱不平地說：「你在這邊工作這麼久了，怎麼還會有人想要偷你的東西呢？」

我只能苦笑啊！

一種米養百種人，在這裡或許說「一種馬鈴薯養百樣人」吧！

沒有筆電幾乎無法工作，其實我考慮飛到美國買，就價錢來說比較划算。但實在沒空，尤其來回美國勢必又浪費好幾天，而阿雷基帕沒有蘋果電腦，我只好決定到利馬買一款明明型號一樣但價錢可能因為「關稅」而提高變成兩倍的筆電了。

時間是星期六週末。

幫Percy和Elizabeth上完課都已經是晚上八點了，我得趕九點的飛機去利馬。離開學校上公車前還確定錢包在夾克內側，但上公車前卻不見了，錢包裡有三百塊美金、三百塊索爾和所有的信用卡。我當場崩潰，趕回教室找，找不到，竟像小朋友般痛哭流涕；哭完趕去機場，卻趕不上飛機，又再哭一次，櫃檯小姐嚇呆了，只是沒趕上飛機而已，為什麼哭得這麼傷心。

「我幫你改到明天的飛機可以嗎？」

「嗯，好。」

## 令人讚歎的服務速度

那個星期大概是這輩子最慘的一週。這種感覺就像是活生生被推入糞坑，然後好不容易振作爬上岸，再跌個狗吃屎摔進蟑螂窩般。這已經不是生氣還是憤怒可以形容的了，而是直接坐在辦公室裡哭的那種悽慘。來祕魯一年半，第一次這麼想回台灣（在機場的時候真的有股衝動跟櫃檯直接訂機票）。「我做了這麼多事，你這樣對我？」

經過一夜的淚崩，隔天處女座的理智性格開始運作（我的復活速度連自己都驚訝）：隔天早上飛利馬、買筆電、開會、寫計畫樣樣來。除了感謝阿蜜姊的大力相助外，也讓我驚豔美國運通的補卡速度。

海外遺失信用卡、電話掛失、台灣補卡，然後再電話開卡總共要多久？答案是：半天。

由於我用ＭＡＣ的關係，即便有電腦，但主要的工具程式都要上apple store買，沒有信用卡就沒辦法買。於是我在台北時間星期一早上用Skype打到台北美國運通公司問該怎麼辦。

客服中心專員說：「李先生，你這樣從國外打客服太貴，我打給您。」啥米？有這麼好的事喔……沒半分鐘，手機還真響了起來。

苗專員說：「我查了查您的紀錄，目前沒有盜刷的情況。但是我們這邊沒有卡片上面所有的詳細資訊，所以也沒辦法提供給您做刷卡的動作，所以還是先幫您停卡。」

「那要怎麼辦？我一定得買那些程式。」

「我幫您查了一下，祕魯方面目前沒有緊急發卡中心。所以有沒有可能，我們從台北發卡，請您的家人在台北收？我用急件，您的家人今天下午五點就會收到。然後再請他把卡片訊息給您，您再用電話開卡的方式就可以用了。」

「可是我現在沒有台北方面的詳細地址，可以請你五分鐘之後再打來嗎？」

「不用擔心，您把您家人的電話給我，三方直接通話談就可以了。」

第一次，我因為客服做得太好而雞皮疙瘩掉滿地。是我在祕魯工作太久導致忘記服務業應該是什麼樣子？還是美國運通的客服真的優良到掉渣？願意打電話到國外跟我談，還願意三方通話問地址？

哇靠……台北時間早上九點我從祕魯打電話到台灣美國運通客服中心講這件事，晚上九點已經使用信用卡買東西了。

台灣的其他服務業以及祕魯整個國家都應該以此為榜樣吧！

# 台灣之夜，聖誕快樂！

這裡和台灣相距二九四五〇公里，在地球儀上永遠看不到彼端。
但是我們的愛心，讓祕魯「認識」了台灣，感受到這個小島驚人的能量，

## 國旗的顏色

Team Taiwan煮了珍珠奶茶做為開場白，一場名為「台灣」的派對在二〇一二年年底可不能就這麼簡簡單單劃上句點。國慶日前夕，我在教材上畫著黑白線條的１０１大樓、媽祖和台灣國旗。找個星期五下午，幼幼班開始認識台灣。

「祕魯國旗是什麼顏色的？」

「紅色和白色！」

「那你們猜台灣國旗是什麼顏色的？」

「紫色！」Lucero小妹，有任何一個國家的國旗是紫色的嗎？

「綠色！」Good guess, but not.

「紅色！白色！藍色！」Ruthpierlina竟也全部矇中。

「Ruth答對了！我們現在來畫畫！畫你們心中的台灣是什麼顏色的。」

「那這個女生是誰？」Paloma指著媽祖問。

「呃……那是一個很厲害的女神。」

孩子們的直覺倒也厲害，大部分的小朋友在紙上畫著綠色的台灣島和金光閃閃的媽祖，唯獨Lucero的台灣是紫色的……最後孩子們把他們的成品高高舉在頭上，我教他們照著唸：

「台灣，生日快樂。」

「呆哇，參日快喇。」

精采的聖誕節還在後頭。

## 帶來希望的聖誕節

二〇一一年，多虧祕魯台灣商會的大力協助，英語學校的小朋友們才能拿到屬於自己的全新禮物，而不是和兄弟姊妹共享一個娃娃或是二手玩具車。

其實那年禮物的造訪超級意外。台灣商會方面完全沒有說過會送禮，所以當一

終於有了屬於自己的全新禮物，還有什麼能比這個更開心！

輛卡車就這樣駛進社區，運下一箱又一箱物資的時候，我跟小朋友下巴掉下來的程度其實是不相上下的。不過，當時在社區其實也引起過多的討論，導致那年的聖誕節活動，小朋友人數爆增到九十一人，癱瘓所有活動動線外加把學校夷為平地，再加上外圍充斥著看熱鬧以及想分杯羹而大打出手的陌生家長與小朋友的暴動慘劇。

二〇一二年我們學乖，計畫把出席率夠高到可以參加聖誕節活動的小朋友集中起來，連同平常參與度高的社區媽媽一起到適合的場地去同樂。

首要問題還是禮物。

正好Eddy的嫂嫂這時候從美國寄了些捐獻物資過來：髮飾、英文故事書、二手玩具和文具等等。有不少東西可以拿來當禮物送給小朋友，但是算了算，數量上還是不夠。

只好厚著臉皮寫信給去年贊助的台灣商會。開口要東西這種事情，臉皮薄如我也只好硬著上，不過寫去的e-mail也石沉大海。後來有人提醒我，或許商會祕書很少看電子信箱，「打電話會不會比較快？」當面開口要東西？要我跑三千公尺還比較有可能。不過，在時間和金錢雙重壓力下，我也只好顫抖地按下手機，沒想到電話一撥通，會長很爽快地答應了。

「呼！」搞定了！我回頭跟游游他們說。

「耶！」

物資搞定了，接下來是經費。要租場地、運輸工具、食物，需要不少錢。

這時候神仙降臨了。

Eddy的姑姑聽到這件事情，也想要湊一腳。

「那可以捐錢讓我們辦活動嗎？」

「可以啊！那有什麼問題！帳號給我，明天匯給你。」

隔天ＨＯＯＰ的戶頭裡多了兩千塊美金。

我那天帶小朋友畫媽祖是對的。

台商會方面也很夠力，轉眼間就把禮物給寄到阿雷基帕。六個與人齊高的紙箱就這樣把辦公室塞爆（有鑑於去年的惡夢，我特地叮嚀千萬別寄到學校去）。志工們興奮地拆開，這些禮物包括：芭比娃娃、汽車、掌上型電動玩具……單芭比娃娃就有一百個，娃娃是仿真的，眼睛炯炯有神，會動，高度大約是大人手指間到手肘，每個娃娃的衣服都不一樣，小朋友還可以互換娃娃的衣服穿。

接下來的工作才是煞費苦心，因為我們得把禮物分門別類交給各班的老師親自挑選，只有老師才了解班上每個小朋友的需求。老師會針對個別小朋友的喜好而包禮物，例如小汽車適合五歲以下的小朋友；又如某個女生很男孩子氣，老師就不會送她髮飾和芭比娃娃，而改送文具用品，這麼用心是希望每個學生拿到的都是最適合自己的禮物。除了台商送的之外，還有餅乾和糖果，禮物的內容可說包羅萬象。

我趕緊丟下禮物去處理活動事宜。聖誕節是天主教國家的大日子，十一月底街上就聽得出雀躍的空氣，還有商人漲價的笑聲。適合的場地、出租車、食物、會場裝飾物、音效還有小丑，每一樣都討價還價地讓我血壓飆得飛高。

不過，這些都是值得的，我永遠都記得活動當天的情景。

## 聖誕派對驚喜連連

一個月前的家長會議，我再三叮嚀社區媽媽們「千萬不要遲到」這件事。說來有一點歧視，但我都會說：「英語學校是走正常時間，不是『祕魯時間』，拜託拜託一定要準時。」

所謂的「祕魯時間」，其實也就是遲到。約定的時間是十點，但其實十點十五、十點半，甚至十一點才出現都是有可能的。

「我是認真的喔，遲到我就不等了喔，公車直接開走。」我比手劃腳地恐嚇這些媽媽們。

當天早上天氣不錯，我跟Eddy出發到學校去。

「哇塞！哇塞！哇塞！」

一百二十三名小朋友與二十九名社區家長，大概是社區有史以來最大的活動。時間還未到，校門口就已經擠滿盛裝打扮的小朋友。看到我們兩個出現就代表「派對即將開始」，一擁而上問我們要去哪裡，公車在哪裡，說他今天準備了什麼要玩……上百名穿著整齊清潔的衣服外加洗頭綁辮子的學童「準時」出現（內行人才知道這真的有多麼難得！），已經是我在這裡兩年多來從未見過的場面之一。

去派對會場的路上，孩子們的笑容藏不住。

結果遲到的反而是遊覽車司機。這群小鬼頭倒也乖乖聽話排隊上車，不過遊覽車似乎有一種讓小朋友興奮的魔力，上車後只差沒把座椅給攤平直接玩騎馬打仗（連媽媽們都玩起來了）。要一百多個從沒一起遠足過的大小朋友安靜坐在車上？試都別試了，我直接放棄。

其實我們有一點像是變相地超載，但司機似乎也沒特別說什麼，笑笑地問：

「你們要出去玩喔？」

「對啊，要去聖誕節派對。」我說。

「小朋友很開心喔！」

「對啊，沒有這麼多人一起出去玩過。」

「那我開車帶你們去繞繞。」

「謝謝啦！」

活動場地在Yanahuara區，阿雷基帕市中產階級住宅區。會找到這一帶也真是巧合，之前有一個一起運動的朋友在市政府工作，說這裡有一個場地可以免費借我們辦活動。我聽到「免費」這個字眼睛都亮了，文件辦一辦就申請到手。

多數社區家庭的經濟狀況都不好，搭車出遊這件事是中產階級或外國遊客才負擔得起的奢侈活動。與其說是郊遊，整輛車的興奮情緒更像是要出國旅遊。遊覽車蜿蜒著山丘上上下下，翻山越嶺，從這一山頭到另一山頭；司機慢慢地開，車內氣氛

很嗨，很歡樂。

出門到社區前，我對幾個外國志工只交代了一句：「把這些裝飾品掛在會場上，記得。」

現場的布置是搭一個塑膠棚子，有點類似台灣辦流水席的棚子，因為雨季開始，偶爾會飄雨，那個場地是原本的足球場，我們使用的面積約兩個籃球場大，旁邊有看台，小朋友和家長可以坐在觀眾席上。

到達會場後，我搶先下車，打算去看看狀況。

我呆住了。幾個外國志工把之前朋友留下的台灣小國旗也掛上。三面的鐵絲網上除了應景的聖誕節紙雪花之外，還有好幾面台灣國旗飄著。

「哇！」我笑了。

「你跟Eddy為了這個活動做了這麼多，我想這是我們能做的，讓你們開心的事吧！」Teresa對我說。

首先登場的是大地遊戲，每個老師負責一個關卡，設定一些條件，小朋友必須分組達成，然後才能前進到下一關。只要能比賽，比什麼都可以。跳紙箱、做卡片、玩接龍、跑步，也無需任何花費，我們一個早上都玩得很開心。

中午吃著CHAUFA，我請熟識的中式炒飯店特地送上兩百人份的炒飯到會場來。下午請小丑現場表演，志工必須要拿氣球跟小朋友一起跳舞，然後做一些很誇張的動作，獲勝的人有獎品——Teacher Li手上的糖果一顆。最後，我們喝著熱巧克力牛奶，配一種叫Paneton的祕魯甜點（鑲嵌著各式各樣的水果口味軟糖、葡萄乾、水果乾等等的大型蛋糕，與熱可可兩者皆為祕魯聖誕節必備食物）。

最後的最後，活動的重頭戲來了：聖誕老公公跟聖誕老婆婆發禮物。當天的活動，小朋友統統有獎，每一個人手上都是志工們先前親手挑好、包好的特製禮物。我走到家長面前，說：「今天是聖誕節活動，媽媽也有禮物。」

每個人眼睛都亮了。

我拿出三大袋清洗過的二手衣物，有大有小，是我們之前從hostel募集，還有前面一些志工群留下來的。

「自己選，但不要像小朋友一樣用搶的喔！」我笑著說。

## 超越時空的連結

下午四點，活動準備結束，我們依慣例都得拍張大合照。要上百個人同時看鏡頭而不是看他們手上的禮物實在是一大難題，有些媽媽比小朋友還不受控制。

Julio爸默默地走向我，對我說：「我們可以跟台灣國旗合照嗎？」

當然可以。

我的榮幸。

他走向我在活動途中掛上的超大面國旗，拿下它，然後請另一個媽媽幫忙拿另一端，就這樣坐在合照中間。

很難想像對吧？阿雷基帕距離台灣一八三〇〇英里（約為二九四五〇公里），太陽從龜山島方向升起時，這裡已是滿天星斗。祕魯在冬天，台灣過夏天，在地球儀上永遠看不到彼端。但是我們的愛心，讓他們「認識」台灣，而不僅只是「聽說台灣是很會做腳踏車的國家」、「台灣人的數學很厲害」。媽媽身上穿著是台灣來的二手衣服：「童玩節」、「××渡假村」；腳上踩的是我從友人那邊要來的鞋子，問我台灣菜好不好吃（那還用說）。而我的律師朋友問起我台灣的社福制度，二〇一四年他想來台灣看看這個小島究竟有什麼驚人的能量。

課堂上，我們有一個單元是教小朋友認識附近的國家，還有一些世界大國的國旗，初級班裡有一面世界地圖，Eddy用來解釋各個國家的地理位置時，小朋友會問：「老師，那你是從哪裡來的？」新來的或比較少出現的小朋友會猜中國、日本、韓國……其他小朋友就會自動跳出來說：「不是，老師是從台灣來的。」

萬千公里外的祕魯白色山城貧窮居民跟美麗的福爾摩沙產生了連結，究竟能產生什麼實質上的助益——或者更精確一點的說法，功利主義下得來的實質助益？的確是沒有。而我也很愚蠢地跟一些潛在捐款者說過：「對不起，我可以提出數據來告訴你這間學校做得有多棒、社區有多少人受益，用一點點錢就有很大的效果。但我真的想不到幫助他們，你們會得到什麼好處。」是的，他們很窮，不是隨時隨地就會放在鎂光燈下的一群。幫助他們不會讓捐款者上電視剪綵，即便如此，我還是很誠摯地感謝那些願意跟我一同相信的可愛人們，這兩年來一點一滴來自世界各地的關心溫暖這個社區，這群孩子。

穿越二萬九千公里的距離，此刻，我們緊緊相繫。

# 之五

# 讓愛扎根

# 二十九歲的生日禮物

如果你這輩子只能出國一次，只能去一個地方，你會去哪裡？
我要去這裡，馬丘比丘。

## 前進「馬丘比丘」

「如果你這輩子只能出國一次，只能去一個地方，你會去哪裡？」念書時，一個偶然的機緣下，翻閱《國家地理雜誌》看到「馬丘比丘（Machu Picchu）」的報導之後，我心中就浮現一個聲音：「我要去這裡，就是這裡。」所以當有人問我，為什麼是到祕魯當國際志工？我都老實回答：「因為馬丘比丘。」

二〇一一年，正值馬丘比丘被發現一百週年。我跟朋友參加Inca Trail，沿著Urubamba（烏魯邦巴）河一路往上。所謂的Inca Trail，也就是印加古道。在十五世紀印加帝國稱霸南美大陸之時，是皇室與祭司從首都庫斯科（Cuzco）前往馬丘比丘的唯一路徑。

我們從烏魯邦巴河畔的驛站出發，越過三千四百公尺的高山，再一路往下到馬丘比丘。稱不上史上最難的健行路程，但對體力和毅力上的消耗也不是喘口氣就可以解決的。四天三夜的行程，根據導遊信口開河的說法，以前的使差只要一天就可以走完……

最後一天，也是最重要的一天。早上五點我們就從營地集結出發，全是因為要在馬丘比丘看日出，連平常走路落在隊伍後一大段的美國阿伯都可以跟我們維持等速一路往前衝，可見馬丘比丘的魅力一般。

七點左右，我們抵達「太陽關口」（Sun Gate），這是絕對的高點，也是走印加古道遊客看日出的好地方。不過很可惜，當天霧太大，什麼都看不到……我們只好繼續往下走，前往馬丘比丘。

一九一二年，美國史學家Hiram Bingham在荒煙漫草中發現了這座位於海拔二千公尺削平陡壁上的城市，印加人用卓越的石刻與建築技術在人類文明史上留下這座鬼斧神工的遺跡和寶藏，在安地斯山脈沉睡將近四百年後，才得以讓世人一窺其貌。

在印加古道上見識過大大小小的遺跡，說實話也有些膩了。早些時候我還在心中盤算著，會不會最後真見著馬丘比丘之後，還有些失望？「反正就跟照片一樣嘛！」心想。

事實證明我真的想太多。

當真的站在這裡的時候，周圍的山景、峽谷、後方的瓦納比丘（Wayna Picchu）都成為景色的一部分，距今六百年以上的人類文明如此立體地呈現於你眼前；即便你聽過多少稱號「失落的城市」、「最後的印加城市」，當你真的站上這城市的時候，那心境真是無與倫比，平靜也好，激動也好，什麼都比不上多看個兩眼重要。

「西元一五三二年，西班牙人擊敗印加王朝之後，為什麼只有馬丘比丘可以維持完整的面貌？」我轉頭用蹩腳的西文問導遊。

「當西班牙人占領庫斯科之後，抓著已死的國王的最後一個兒子尋找最後一座印加城市時，他帶著西班牙人沿著烏魯邦巴河走到了另一座城市，因而避開了馬丘比丘，所以這裡才得以保存下來。

「據考古發現，馬丘比丘建造於西元十一世紀，當時這座城卻是一座極為繁榮興盛的城市。印加人在此建立了農業，雖然地形險峻，但卻有完善的灌溉系統。除了農業區之外，城市還區分為上城和下城。」

這座城市對於印加帝國的重要性究竟是什麼？真的是座「失落的城市」或是「最後的印加城市」嗎？還是這只是現代人風雅式的稱號而已？不過光想六百年

前，在沒有任何特殊工具（輪子）的情況下，印加人可以將巨大的石塊切刻、運送，然後再以如此縝密的方式堆疊；我站在太陽神殿旁，幻想當年的祭司精準地從窗戶觀察太陽升起的樣子。

由於這一次是健行，我想提供給想走「印加古道」的人一點參考。行前準備的東西真的不用太多，大概以下幾樣就夠：一件羽絨外套、一件長袖帽T（太陽很大，帽T加帽子可以幫你擋掉更多的陽光）、四到五雙襪子、一件T恤、四到五件汗衫（每天替換汗衫就夠了，如果耐髒的話，更少也行）、盥洗用具、礦泉水一瓶、睡袋、個人藥品、相機、帽子、塑膠袋（多帶幾個，有備無患又不佔空間）、MP3隨身聽（懶得社交時很好用）。另外值得一提的是，整個四天三夜的行程只有第三天才有如小雨般大小的熱水可以洗澡，還要五索爾，整路都是幾近零度的冰水，洗澡這件事真的就是見仁見智。

但事情沒那麼簡單。

對旅行有著極度偏執的同好就知道，我心目中的聖地豈能接受「跟團」一事？這太對不起自己，也對不起「旅行」這檔事了。有太多太多事情我還沒做了：爬瓦納比丘、在屋簷下悠閒地發呆吹風，在草地上睡覺……

於是回到阿雷基帕後，我開始計畫下次的造訪。

## 我和我的影子翩翩起舞

阿雷基帕（Arequipa）→庫斯科（Cuzco）→聖瑪麗（Santa Maria）→聖泰瑞莎（Santa Teresa）→水力發電廠（Hidroelectrica）→熱水鎮（Aguas Calientes）→馬丘比丘（Machu Picchu）

星期五學校下課之後，我從阿雷基帕搭十個小時左右的夜車到庫斯科（Cuzco）時，已是隔天早上六點半了。我完全沒有停留的意思，一方面也是我不喜歡庫斯科，便直接搭共乘小巴士前往聖瑪麗。

從庫斯科到聖瑪麗絕對不是一段很近的路，整趟下來將近花了四、五個小時，所以在選位子上就很重要啦！十一人坐的小巴士將近塞了十三個人，山路外加長距離，可想而知。個人建議是想辦法坐在前座靠窗，以免後座到時候有人吐，你會很想哭（而且真的有人吐）。

早上九點出發，下午一點半左右抵達聖瑪麗。地圖上寫它是個「Cuidad」（城市），充其量也就是一排民宅與雜貨店罷了。在這裡下車的乘客只有我，而路邊除了載我的那位司機外，也沒有別的同行在攬客，換句話說，就是冷清。本來我想等等看有沒有別人的，但是天氣熱又沒什麼好去處，只好上車等了。

大熱天昏沉之中不知道等了多久，終於招滿客人出發前往聖泰瑞莎。路況非常非常不好，根本就像是颱風過後搶通的石子山路，不過我還是睡著了。不知道隔了多久終於到了聖泰瑞莎，這裡倒還比較像是山中小鎮，小小的傳統市場也不知道是要賣手工藝品給誰。司機先生隨口喊了幾聲「有沒有要去水力發電廠」之後就繼續前行了。路況還是一樣爛，不過隔沒多久就出現了檢查哨，原來這裡也算是馬丘比丘國家公園的入口之一，不過檢查非常簡單，寫寫資料就好，工作人員連護照都不看。

水力發電廠是公路的終點，從此之後就是兩個小時的徒步行程。Hidroelectrica中譯為水力發電的意思，我也不知道這裡的水力發電廠還有沒有在運作，看起來還有人員在這裡進出的樣子，許許多多的小商家、飯廳就沿著這個廢棄的鐵軌繼續生活著。這裡跟熱水鎮的鐵軌並不是相接軌的，所以走一走勉強看得出來右邊有一條小路上山，走上去就對了。

這裡提供一個在熱水鎮住宿的好地方。到鎮上後順著溪流往上走，看到第二座跨橋的時候右轉一直走，就會看到一個正規大小的足球場。再往前兩個十字路口左轉，會看到一間名叫「supertramp」的hostel。裡面全是年青的西方背包客，有免費的網路跟廚房使用，共用浴室和一間超大的上下鋪臥房。十塊美金一晚。回歸到這個足球場，不得不稱讚一下蓋足球場的人的遠見。這裡幾乎是熱水鎮市民的活動中心，小朋友在這裡打滾奔跑，大人在這邊玩排球、足球，還有推著嬰兒車的媽媽在場邊繞啊繞的。我在這裡度過了優閒的一晚，完全一改我對熱水鎮的印象：原來這裡還是有比較純樸的一面——相較於溪對面的白人小鎮。

隔日凌晨，我獨自出發前進馬丘比丘。

從山腳要上馬丘比丘這段路其實不是很好走，簡單來說，公車走「之」字形路線上山，而徒步的話就有一點像是直接貫穿公車路線往上一樣，所以有些地方滿陡的。再者，凌晨五點完全沒有陽光，月光幫不了什麼忙，如果可以的話最好帶個手電筒，不然就是保證你的手機螢幕夠強力。

到山上大概是將近六點的事情，絕對有辦法趕在第一班巴士抵達之前先行排隊。不過，現在可以在網路上訂瓦納比丘的票了，所以這種先到先排隊的事情也只剩「熱血」這個理由了（現在已經改成絕對網路預約制，排隊就此步入歷史，跟印加帝國一樣）。

再一次，我來到馬丘比丘。清晨的馬丘比丘霧很大，第一批到的旅客多半是背包客，沿著階梯從熱水鎮一路爬上山來。趕在第一批公車上山前，各自隱身在雲霧中。我先一步到「守護者小屋」去，這裡可是著名拍照點，不過此時什麼也看不到，只有瓦納比丘隱約地出現在遠方。

有人說在瓦納比丘山上看日出別有一番風味，不過那天天氣也沒多好，七點多上去大概什麼也看不到。爬完馬丘比丘後再爬瓦納比丘真的不是一件容易的事，於是我決定先在馬丘比丘的草地上睡覺……

一會兒，陽光開始從東方的太陽之門直射馬丘比丘，霧漸散去。馬丘比丘的美，不在於城市本身而已。由遠而近，在所有的高山峽谷之中見不著任何其他人類活動的痕跡。藍天、陽光、遠處的積雪、山稜與河谷，然後眼前的印加城市。它躍然而立在距離庫斯科一百三十公里遠的自然美景之中，它是印加帝國祭司、貴族所居住的城市，融合了自然、人類學、建築和歷史，它的獨一無二就座落在奔騰洶湧的烏魯邦巴河（Urubamba）之上。

自己一個人和跟團有什麼不一樣？

對我而言，「旅行」是一件很自私、很自我的行為。在這個街角看著車水馬龍，決定左轉或右轉；在「守護者小屋」發呆坐著看眼前的觀光客一組換過一組又一組又再下一組；我決定在這顆石頭前蹲下，然後在河雁起飛的瞬間按下快門。那一句又一句的滄桑和孤獨就在一個人旅行的時候默默被寫下，所以打開每個旅者的背包，裡面總是裝著一本不同的故事。

我們都是筆者，是實驗的設計者，也都是舞台下的觀察者。看著台上的「旅行」和我的影子翩翩起舞。

早上十點，我登上瓦納比丘。當下一句話也說不出口。

我稍微遠離人群一點點，來到一顆形狀特別的石頭上，放下國家地理雜誌的背包。

默默地握緊了拳頭。

「Yes.」

我把目光停留在很遠很遠的遠方，試圖讓自己的身形變得又巨大，同時間又很渺小。

此時此刻，就只有我和你，馬丘比丘。

我的二十九歲生日禮物。

# 離開的日子近了

在ＮＧＯ做得愈久，我愈感到自己的不足。心裡有個聲音告訴我：「該是時候回去念書了。」

## 我要去念書

七年的醫學教育不只是人體和病理知識罷了，還有邏輯判斷、團隊合作以及基礎的流行病學常識。但兩年多下來，在執行計畫我總是有一種不腳踏實地的感覺。舉個例子：

獎學金計畫一開始我們毫無頭緒，該怎麼下手「改善」教育環境也不是我們說了算，也要這個社區、孩子和既有的教育體制有需求才有意義。「環境」不會說話，統計數據隱藏在複雜的社會脈絡裡。我沒學過怎麼做調查，也不懂得怎麼設計有效問卷，只得挨家挨戶地問。

幾個星期過去，得到了些似是而非的說法：公立學校的說法是家長都不負責任；家長說公立學校的老師都不教書。互相指責之下，真理也愈辯愈不明，志工們在辦公室畫出一張又一張的圖表，想找出真正的鴻溝在哪裡。

結果畫出一片海洋。

憑藉著常識和邏輯，我們推敲出幾種可行之道：獎學金、聘請老師、辦補習班，或是直接蓋一間完全中學。剛考到小客車駕照就想開連結車上高速公路，HOOP還是慢慢用走的先。最後在執行獎學金計畫的時候也是跌跌撞撞，我開始思考需要補齊的，似乎不只有語言能力而已。

「該是時候回去念書了。」

「去啊。」Eddy說。

「回台灣之後再說。」我躺在沙發上面耍懶。

「幹嘛浪費時間！在這邊直接申請了啊！」

申請學校要三封推薦信、準備讀書計畫、個人履歷、完全滿坑滿谷的線上申請流程，最麻煩的，還要考托福和GRE。以現在的狀況來說，口說跟聽力大概不成問題，但是要我現在去考GRE就跟要一個小學生考古文觀止是一樣的。

「你瘋啦！我哪來的鬼時間準備！」

「無縫接軌啊！快點起來去研究申請辦法了啦！」

二〇一二年十月某個晚上在沙發上的瞎扯淡和半推半就，接下來三個月我得蠟燭兩頭燒：既要申請學校，又要忙ＨＯＯＰ的事。十一月，絲毫不意外的ＧＲＥ成績出爐，阿Ｑ的我硬著頭皮把所有的資料全部寄送出去，「反正國際醫療重視的應該是實地工作經驗嘛，哈哈哈哈……」心虛地想著。

二〇一三年四月，美國學校放榜的日子。一封封拒絕信掉進我的信箱裡：ＢＵ（波士頓大學）、ＵＣＬＡ（加州大學洛杉磯分校）、Harvard（哈佛大學）、ＮＹＵ（紐約大學）、Columbia（哥倫比亞大學）、ＪＨＵ（約翰霍普金斯大學）……原本我都打定主意回台灣重考了，沒想到ＵＷ（華盛頓大學）就這樣寄信來了，還附上微薄的獎學金。我打電話回家，「媽，有學校念了耶！」

「哪裡啊？」我媽問。

「華盛頓大學，西雅圖。」

實話是，還真的鬆了一口氣。

接下來，就只剩下ＨＯＯＰ的招募事項了。

## ＨＯＯＰ招募計畫

不管做教育或ＮＧＯ，ＨＯＯＰ的發起成員們全都是外行人。我沒有任何教育背景、沒修過教育學程或是任何經營ＮＧＯ的課程，所以我們一直希望能請專業人士經營這個學校，我們退居第二線作為董事會成員，由專業經理人實際經營組織的發展。

ＨＯＯＰ現在就是一間年輕公司，有著微薄資金的公司要找專業的人才來茁壯，所以人才招募就變成一項很重要的工作。需要哪些職位？我們對組織未來的架構藍圖又是怎樣？要怎麼用微薄的資金吸引到我們要的人才？這些問題變成我在祕魯最後這幾個月最主要的工作內容。

我們總共開出四個職缺：Director（總經理）、Volunteer Coordinator（志工協調員）、Project Manager（專案經理）、Business Developer（業務發展經理），並透過網路、認識的朋友和在地人脈把消息傳出去。

Teresa一開始在貼徵才公告的時候並沒有寫上實際的薪水狀況，僅寫著「足以支付在阿雷基帕的生活費」，結果一瞬間湧進了上百封履歷。但每個人的生活費並不一定相同啊，結果我只好就實際的薪水狀況一一回覆。果不其然，將近有五成以上的人客氣地回絕了這個工作。

說實話，我也知道ＨＯＯＰ能提供的薪水十分微薄。而且，專業的組織工作者本來就應該被支付合理的薪水。很多人都搞錯一件事，常聽到人家說：「我的錢要直接用在計畫上面，不要付在人事費上面。」可是，沒有這些做事、執行計畫的人，計畫又是從何而來呢？又另一個角度說，很多人總是覺得做非營利組織的人就應該得像是苦行僧、偉大有大愛的人，只領最低基本薪資然後來拯救世界什麼的。別鬧了，人家也是人生父母養，學了一身有用的知識技能怎麼樣評估計畫，然後妥善利用捐款來達到最大效果，憑什麼要這些有能力的人過著比一般人更窮困的生活？人力資源才是組織內最重要的資產啊！

所以提出這樣的薪水上ＮＧＯ論壇徵才，我自己其實也很不好意思，因此在回信的過程中，我也詳細解釋了我們並不是不尊重專業，只是ＨＯＯＰ的現況只能這樣子。沒想到竟然有人很不客氣的回我：「你們能提供的薪水只有我現在的十分之一，竟然還不包括健康保險和機票bla bla bla……」

唉，沒錢的ＮＧＯ還要被羞辱。

往好的方面看，我們還是有收到一些很正面的狀況，在學、經歷都很完整的狀況下也能接受薪水可以被討論，太好了。接著就是整理履歷的部分，要在兩天之內把五十份履歷都看過一遍然後評分，選出最佳五名進行Skype面試。在這之前我都是那個投履歷的人，而這次的經驗告訴我，履歷寫得好不好真的很重要：

一、長篇大論真的是大忌，你拿12的字體寫兩頁Ａ４的作文只會讓人家覺得你的履歷沒重點而已，超過第三頁之後就不會有人看，只是多砍一棵樹而已。

二、不用告訴別人你喜歡唱歌、爬山、旅行，除非你是應徵《食尚玩家》主持人。

三、如果你曾經幫組織募款超過一百萬美金，拜託請不用客氣用18的粗黑體大力地標上，我相信任何ＮＧＯ都會馬上聯絡你。

## 十五分鐘決定一個人

經過兩天兩夜的奮戰與討論，我們終於選出我們的最佳ＴＯＰ５。接下來就是要想辦法敲定Skype或是真人面試的時間。由於是跨國應徵的問題，時差變成是彼此最大的問題，跟美洲的應徵者問題不大，但如果是來自歐洲或非洲的應徵者，問題就來了，彼此相配合的狀況下，常常變成我們得早上六點半Skype面試。

我拜託了一位同樣是西英語雙聲道的同事跟我一起進行面試，但我忽略了一件事情——口音。在網路品質不穩定的狀況下，口音就變得更加難懂，尤其是非洲腔。

「Sorry, I think we have some connection problem, can you say again？」
「$%^&$^&$&.....」（一連串我聽不懂的話）

我轉頭看我同事，他的臉上同樣掛著問號

「Er, I am sorry. Can you say again？」
「$%^&%&^*%^&*%.....」（她放慢速度再說了一次）

我開始懷疑那不是英文。

「Ok, I think that's an interesting point. We like your answer. Let's change to another topic.」（嗯，好，我想你的觀點很有趣。我們喜歡你的答案，現在我們換下一個話題。）

整場面試就在我們完全聽不懂對方說什麼，可能對方也聽不懂我們在說什麼的狀況下結束了。

說實話，我覺得面試別人最難的並不是語言障礙或是網路品質不好，那些充其量只是一個好笑的插曲罷了。我覺得最難的是如何在很短的時間裡面看清楚一個人；不是說看清楚這個人是好人還是壞人，而是他跟你對於這個工作的認知、態度和想法是否一致。我擔心自己是否有能力用十五分鐘的Skype面試來決定這麼重要的一個職缺？

某種程度上，我對Director這個職位的絕對要求是必須是祕魯人，我始終覺得這個組織應該要在地化。說穿了我們都會離開，待一個月、待半年、待兩年半，不管時間長短，總有一天會有一張機票送我們離開這塊土地。當然不是說祕魯人就不會離開或是辭職，只是我希望將變動的可能性降到最低。另外，我覺得更重要的是「在地」經營的概念。不是說祕魯人就有義務或責任去幫助自己國家的人，而是這種「自己」與「外來」的藩籬本來就不應該存在，對於更靠近這塊土地的他們，一定有著屬於自己的想法和熱忱，那才是應該被實踐與發展的。

兩個月後，新一代的ＨＯＯＰ成員出爐了：

Direct（總經理）叫Silvia，一個兼職的社會經濟學教授，是阿雷基帕人。

Volunteer Coordinator（志工協調員）叫Ali，美國人，曾在NGO組織工作過；未婚夫是祕魯人，目前住阿雷基帕。

Project Manager（專案經理）叫Abraham，祕魯人，曾在美國念書，現在也在做咖啡豆公平貿易。

Business Developer（業務發展經理）叫Brad，加拿大人。

距離我離開的日子，也愈來愈近了。

# 34A的流浪公路

你有沒有想過，為什麼大家都愛拍晴空、機翼，和底下的風景？
——因為我們都有想忘記，卻又深深記得的故事。

## 帶著故事繼續走下去

二〇一三年七月，我在庫斯科搭上FLORES，結束第五次，也是最後一次的馬丘比丘之行。這是一家廉價的長程巴士公司，完全遵守「祕魯時間」的原則：不保證班次，但保證絕對不準時。管他的，反正最後一次了。

天黑的34A公路在駛離城市喧囂之後，是完全沒有路燈的，如同白絲線般隱約彎延在石漠和山丘之中，遠處不知名小鎮的街燈和對向的車頭燈忽明忽暗，盡頭只有熟知路線的司機才了解。偶爾會有小販在停車的時候上車來叫賣，其他時間索性就睡吧！

微光拍攝團隊，左一為「教練」吳乙峰導演。

台灣「微光拍攝團隊」承接外交部的專案，特地來拍攝台灣志工在HOOP的工作成果。Team Taiwan加上攝影團隊，寫下白色山城最多台灣人的六月天。攝影機和大型麥克風對孩子們倒也新鮮，反應也兩極：小小孩在鏡頭前跳啊跳的；青少年擺出一副「我很酷不要拍我」的模樣，卻又私底下問我可不可以拍他一段。每天工作結束，我們用祕魯啤酒和台式燒烤細數南半球的冬夜星斗。一陣雲霧下，「要不是李尚儒，我們不可能一起喝酒。」人稱「教練」的吳乙峰導演說。這句話換來我白眼。

別說笑了，我哪這麼偉大，這一切都早注定著。

「敬人生。」我們舉杯。

在恍神中也不知過了多久，再也睡不著了。發呆地盯著眼前的光景。隱約的月光下看見遠處的山稜以及頂上的積雪外，幾乎是一片黑暗。眼前的道路也是得駛進遠光燈線的範圍內才有辦法見到，我被黑暗籠罩著。這種感覺似曾相識，我想起經濟艙低頻而固定的噪音，幾千公尺高空的巨大飛行金屬。安全感。

流浪旅行早已被書寫在基因裡，在見到太陽的那一刻也只能轉身揹起行囊。安全感不是來自那高速移動的金屬箱子，而是由窗戶望見機翼底下，無盡的山稜線闡述古老的洲際大陸；不是黑暗，而是的的喀喀湖畔，吹來印加古道上被封印的古柯葉，一碰就碎的葉面上刻畫著人文的歷史和旅行的未知。

曾經有背包客跟我說，他從來不在長程巴士上睡覺，因為睡不著。

「為什麼？」

「總是想起過去的人，想起過去的回憶。想著想著，目的地也就到了。」

阿雷基帕的萬家星火出現在地平線上的時候，我想起了Antonio。

只是朋友的朋友，有趣的是我們都從亞洲來到這個白色山城工作。第一次見面在酒吧，爽朗地跟我聊著，由於嘈雜我也聽不見他的西文在講什麼。只知道他菸酒沒停過，怎麼著也挺符合大韓民族的形象。太吵了，下次再見面聊吧，我說。

誰知道沒有下次，幾個星期之後他就自殺了。

阿雷基帕不是個大地方，事情迅速傳開。我託人打聽情況，但始終是十里雲霧。一年後，我才知道真相：基因的異常與保守的南韓社會不見得相處融洽。困擾的心情領著他越過海洋，走了大半地球。但最後，阿雷基帕這個風港也是短暫，他航行到更遠的地方去了。

出走和流浪不一定只是雄心壯志，有太陽的地方就一定有陰影。旅行的殘酷不在於擔心街角的混混會不會搶走你的皮夾，而是在品嘗自己和其他旅者的孤獨。那是場自虐的祭典，你用你的寂寞換我內心裡的風，卻也讓我更加堅強。你和我和他的故事在安地斯山脈上泡成一杯古柯茶，在放涼的過程中我反覆思量，人生到底是怎樣的一個旅程？

「我現在真的，不知道。」我用力回應著內心對解答的渴望。此時巴士緩緩駛進公車總站，一彎弦月頂在山坡上的貧民區。比預計的抵達時間足足晚了五個小時。婦女們卸下身上的毯子，喚醒身旁熟睡的老公小孩，下車的步伐緩慢而扎實。遲了，慢了，又能怎樣呢？迷惘了，安靜了，就不走了嗎？肩負著故事，就得對自己負責地走。

飛呀飛過了用月色鍍白的高山石漠，跑呀跑的朝南十字星用盡力氣而停口氣。累了，歇會兒吧。我知道我還是會走的。

茶涼了，我一飲而盡。

## 後話

二〇一三年洛杉磯機場的攘往熙來，我在安檢口回望深夜裡的人龍。都已經半夜了，太平洋航線才正要將疲憊的旅客運往海的那一端。隨便找了個角落息地而坐，拿出那張塗塗改改的明信片，有名字，沒有地址。我用筆劃掉上面的躊躇，重新寫上：

「嗨，你有沒有想過，為什麼大家都愛拍晴空、機翼，和底下的風景？」

「因為我們都有想忘記，卻又深深記得的故事。」

我把人名塗掉，然後把明信片留在機艙座位前的紙袋裡。

# 我離去，為了再回來

九百多個日子在眼前飛快而過，離開的這一刻，我好像有一點理解，我反覆思量的人生，究竟追尋的是什麼……

## 最後一次家長會議

我們每個月都會舉辦家長會議。

這裡的會議並不像台灣有正式的桌椅，而是家長沿著四面牆，坐在小朋友平日上課的矮凳子上。有些人抱著襁褓中的孩子，有兩、三歲小朋友穿梭其中，跑來跑去，哭鬧聲、嘻笑聲、打鬧聲、尖叫聲夾雜家長的建議……若有重要的發言常常得提高音量才行。

六月底的會議一開始，我們歡迎新的家長加入，希望他們能持續出席，並針對某些家長希望上課時間延後的問題做說明，但也有人希望維持原案。更多家長希望兩間學校合併，因為二〇一二年底學生人數激增，英語學校容納不下這麼多學生，只好在離腳程五分鐘的幼稚園租下兩間教室，讓幼幼班的學生過去上課。然而，這麼一來就造成了有些家長接送孩子的不便，因此「合併」的聲音從沒間斷。

我說，這幾個月一直努力讓兩邊合併，也許可以在原址擴建；至於延後上課的情形恐怕會耽誤後面的課輔時間，而且一旦延後就天黑了，希望家長諒解。

每個月一次的家長會。

「還有沒有其他問題？」我問。家長們搖搖頭。

「那麼，最後我有一件事情宣布。」我站起來，「嗯……謝謝大家今天來參加家長會議，這也是我最後一次主持家長會議了。」話才起個頭，現場一片「Oh，No……No……」我繼續說：「謝謝大家這兩年來對學校的支持，你們教會了我很多東西，很開心這兩年半與你們一起度過，你們是獨一無二、絕無僅有的一群人，謝謝你們豐富我的生命。」

接著，我謝謝幾位這兩年多來特別幫忙

英語學校的家長。

「我要感謝Diane媽媽在缺水期間，每天提兩桶很重的水到學校來，從她家走到學校是上坡路段，我自己也提過走過，知道這有多辛苦，真的很謝謝。

「還有Paloma媽媽，她每天都會來幫忙打掃教室、灑水、上蠟，離開學校時還把垃圾帶回她家倒，非常不好意思。

「另外是Julio爸爸，當初你說，希望我可以當Julio的教父的時候，我真的非常非常感動。我知道當教父這件事情對天主教徒是一件很重要的事情，很謝謝你這麼看重我。

「Ruthpierlina的媽媽，不知道你還記不記得，一年多前某天週末我來學校修桌子，你看我沒東西吃，請Ruthpierlina拿一份炸魚飯來給我吃，那真的是我這輩子吃到最好吃的炸魚飯了。」她害羞地點點頭。

這時候有一個媽媽站起來說：「我小兒子來這裡一年多了。每天三點，他都會吵著說：『快點快點，我要去Teacher Li的學校。』我問他：『那不是英語學校嗎？』他都回答：『那就是Teacher Li的學校啊，因為他天天都在那邊。』我只是要說，真的很謝謝你這麼長時間在社區做這麼多事，謝謝。」

「吼！不行不行啦！你不能就這樣離開，我們要在這邊幫你找一個老婆讓你留下來！」她的話讓全場大笑。

Julio老爸站了起來，請大家安靜。

「或許大家都認識Teacher Li，可是他教幼幼時，我就認識，我認識他最久了。他是唯一一個願意花額外時間照顧花圃的老師，如果沒有Li，這些植物不會在這裡，學校不會變得這麼漂亮美麗。大家看現在這幾間教室，他也是唯一一個願意在週末來修課桌椅的老師，沒有他，就沒有現在這個學校。現在，讓我們為Teacher Li鼓掌。」掌聲中我把頭埋進衣領裡，臉紅的跟什麼似的。

打從心裡我就不覺得自己偉大到可以承受這些掌聲。二〇一一年一月十五日走下公車，是Ruthpeirlina主動拉著我到幼幼班去，是Julio老爹在第一天結束之後向我引薦Señora Rosa。在他們當時的眼裡，我只是一個黃皮膚黑頭髮的青年罷了。在謝幕前把榮耀的燈光轉向我，我真的只是舞台上的小角色。「你們真的教會了我很多東西，我才是那個要向各位道謝的人。」

散會前，Brigitte的媽媽跑來問我：「Teacher Li，你最後一天是什麼時候？」

「應該是七月十二日吧，怎麼了？」

「沒事沒事。」說完她就跟幾個媽媽離開。

## 明年夏天，再見

七月十二日——我的「最後一天」，其實只是英語學校普通的星期五。我一如往常在校門口呼喊小朋友進教室，免得他們玩瘋了忘記時間。一模一樣的日子，天上的雲一朵沒多也沒少。我巡完堂，澆完花，整理完儲藏室，我站在門口看著眼前的社區安靜著。

「Teacher Li，這給你。」游游他們班上的一個小朋友衝出來把手上五顏六色的紙花圈掛在我身上，還塞了張親手做的卡片給我。

最後這一天，我的身上滿滿都是孩子們的愛。

小孩子手也不巧，裁歪的色紙上面隱約地寫著：「We love you, Teacher Li.」

「喔！謝謝你。」我抱了她一下。

「Teacher Li，這給你。」、「Teacher Li!」、「Teacher Li 接著！」初級班二十幾個小朋友，每個都做了一條紙花圈套在我脖子上，然後一人一張卡片。我身上堆滿了色彩和愛心。

「Teacher Li……」Paloma從幼幼班衝出來，後面跟著所有幼幼班的小朋友。有幾個小朋友把愛心跟小熊貼紙貼在我身上。

「Lucero!」我跨過重重小小孩，把她抱了起來。

「我要走了耶，親我一下。」我嘟嘴裝可愛地說著。

「ＮＯ！」

「你最後一天看到我了耶，你不親我我會難過。」我嘟起臉頰靠近她。

她的大眼睛轉啊轉的，然後親了我一下。

「Li，這是幼幼班要給你的。」幼幼班的老師交給我一張大卡片，上面有小朋友的小手印。

「喔！這太……謝謝……」

「Teacher Li!」Brigitte的媽媽、Señora Rosa和幾個社區媽媽遠遠走來，手上提著兩大桶東西。

「上次在家長會議太突然，我們都沒辦法好好幫你送行。這是社區大家的一點心意，等下你跟老師們一起吃。」

我打開，是Aji de Gallina。

「幾天前有問游游，他說你最喜歡吃這個，希望味道你會喜歡。」

在那一刻，我好像有一點理解，我反覆思量的人生，究竟追尋的是什麼。

「一起吃一起吃，大家一起吃。」我幫忙把東西提進教室裡。

Señora Rosa在教室裡面握住我的手，「那天在家長會議人太多，我不好意思說：真的很謝謝你在這邊為Daniel，為這些孩子付出的心血。我是個天主教徒，我能做的，就是在每個星期望彌撒的時候替你禱告，願主保祐你。」

「謝謝，我一定會回來看你們的。」

話才說完，這才發現Brigitte也跟著她媽媽一起來把東西提來學校。她躲著我，我卻走向她。

「Brigitte。」

「你走開，我不要跟你說話。」

「Brigitte。」我抱住她。

「你怎麼可以走，你怎麼可以走……」

我長嘆了口氣，「你知道的啊，我之前就有跟你說過了啊！」為了不在媽媽面前掉淚，我抱著她走出教室。

「Teacher Malo（壞老師）……」

「我上次說六月會回來，我是不是就真的回來了？這次也一樣啊，我說我會回來，就是真的真的會回來。所以，你要在家用功念書等我回來。好不好？」

「不要，我不要去學校了。」

「你長好大，長好大了……」我輕輕抱著她，不再多說什麼。因為她懂的。

我們用食物填飽肚子，然後用歡笑道別。一如往常地我在校門口叮嚀著準備回家的小朋友：「Katie星期一記得不要再遲到了」、「Joel叫Julio星期一要來」、「Paloma星期一要帶作業來知不知道」……「掰掰。」

Brigitte的媽媽把洗乾淨的桶子放下，握著我的手，跟我說：

「我不知道該怎麼說出我的感謝。我三個孩子都在這個英語學校念書，你還把我的大女兒送進了私立學校念書。你是我孩子們的榜樣也是依靠，很捨不得你離開，但是我知道為了你好你一定要去念書，祝你……祝你一路順風。」

我閉上雙眼一秒鐘，然後用力微笑。

「知道嗎？你們都是我的家人。」我用力握著她的手說。

送走了家長，送走了學生。老樣子，志工在校門口等我鎖門。我走出去才發現Elizabeth跟游游他們走在一起。

我們從校門口踩著石子路離開。兩年半來，這條路未曾這麼漫長。我們兩個中間隔著游游和阿楷，他們三個人聊著天，我偶爾當翻譯插插話。這種假裝的沒事，其實我們都心知肚明。

車站到了，我放慢腳步。游游他們先走，留下Elizabeth。她始終低著頭不肯看我一眼。眼淚隨著一聲嘆息輕輕落在她的雙肩，這次先哭的人，是我。

她跟著我，最久最久……

沒有一聲憤怒或不捨，但她在我懷中發抖。

「Elizabeth，看我。」我把眼淚擦乾，盯著她。

她抬起頭來，滿臉淚痕。

「我發誓，我一定會回來。」

「嗯。我有東西要給你。」

她從背包裡拿出一隻小兔子玩偶。

「我會帶著它去美國。明年夏天，我帶它回來見你。」我對Elizabeth這樣說著。

我跳上公車，握緊的手就此分離。

## 這就是我的旅程，我的人生

原本是最後一天的，但校門壞了，一位做水泥工的家長只有週末才有空，所以隔天一大早我又跑來學校。我在路上遇到幾位學生和家長，他們驚訝地問：「你不是要離開了嗎？」我有點尷尬，「校門壞了，修完才能走啊！」

完工後，我打開皮夾打算付錢，他很嚴肅地推了推我，「我不收錢，我只是來盡家長的義務；就如同你在這邊教學生不收錢，只是盡老師的義務而已。」

我驚訝地謝謝他的好心。這位爸爸只是簡單回握了我的手，然後收拾東西，走了。我目送他的背影離去，回到空蕩蕩的校園。發呆。

回想九百多個日子在眼前飛快而過，在早晨的陽光下竟也有些暈眩。仰著頭讓天地就此旋轉，我試圖解讀那天那夜的方程式。

人生到底是怎樣的一個旅程？

辭職、志工體驗、接任校長到後來的創立組織，Team Taiwan因我而起。不重要，這些都只是文字的表徵。解開現實的鎖鍊，人與人之間的相遇與分離才是旅行的本質，是這人生背後的真意：因為某人的邪惡，我握緊拳頭；因為她的善良，他轉身離開；因為我的造訪，她釋放雙手擁抱；因為他的笑容，我寫下這段文字。

用流浪寫下人生裡的愛人與被愛，再用旅行與世界分享我的人生。

這就是我的旅程，我的人生。

我拍了幾張空景留作紀念。

我拿起鐵鍊，將兩邊的門環圈上。扣上大鎖的時候我低聲唸著：「這是我最後一次鎖門了。」

我踩了幾步回頭看，試圖將這一幕永遠烙印在腦海裡。

在這一片鐵灰色的環境，唯有這棟建築色彩繽紛。

【後記】

# 這個世界值得我們去作夢

這個世界，真的需要多一點人來作夢，
真的需要多一點人坐在適合他們的位子，好好訴說他們的故事。

文◎李尚儒

認識我的人都知道我是一個腦容量可能只有3MB的懶惰鬼。顳葉（Temporal lobe）和海馬體（Hippocampus）大概沒有什麼正常合成RNA和蛋白質的功能，導致我的突觸上的暫時變化無法轉變成永久變化儲存裝置……以上是科學阿宅上身。總而言之，我是一個記憶力很差又不肯好好地用鍵盤寫文章的人，明明文筆就不錯啊（喂）。

所以，在此要感謝芸英姊跟亞君姊這麼不厭其煩地逼問我很多細節，不然很多故事應該就這樣飄散在安地斯山脈回不來；然後也要感謝幫我補充很多我已經忘記的事情的游游，套一句他最常用的開場白：「吼！李尚儒！你真的很誇張耶！」沒錯，我真的很誇張，誇張到連我自己的歡送會的細節都還要游游補充我才有辦法寫完，扯不扯？基於這點在這裡我要跟游游說聲謝謝，雖然你會一直罵我三八，但是看星星事件就不要再提了，那是我要拿來寫浪漫愛情電影的梗。

寫這本書要幹嘛？說實話愛作夢如我，也不是沒有想過書會大賣然後李尚儒這個人飛上枝頭當暢銷作家，說不定還可以跟莫言握握手當好朋友，一口氣拿下諾貝爾文學獎與和平獎雙料冠軍（冠軍?!）；全台灣掀起一股對人生的反思，愈來愈多人可以離開不適合自己的位置勇敢追夢，然後整個社會彌漫一股良好、正面、積極、勇敢的氣氛，化解藍綠對立，人均ＧＤＰ上看四萬美元……

（被巴頭）

我什麼咖啊我？可以咖到去改變別人改變世界嗎？事實我也只是李尚儒不是金城武，我能看見的是我自己而不是你（某家航空公司的廣告梗）。看見我自己只是一個愛看漫畫、愛打電動、愛旅行以及偶爾上凱道湊熱鬧的人，卻也看見我自己不適合坐在某些位子上。「水喔，恁囝仔做（坐）醫生」這句話我大概從千禧蟲出沒時就聽到現在都二〇一三了。母親大人抱歉了，你兒子就是沒辦法乖乖坐在醫生這個大位上。你的願望或許可以換個角度來實現之類，就像教練曾經拍著我的肩膀說：「我覺得你只是換個地方當醫生而已。」下意識地覺得這句話只是在安慰我。

台灣……

真的需要多一點人來作夢。

真的需要多一點人坐在適合他們的位子。

這一路很開心遇到很多「同行」。

有人準備騎腳踏車環遊世界。

有人工作辭了準備去歐洲重新念書進修。

有人離開薪水相對比較高的科技業跑去當農夫。

有人還在跳舞。

有人繼續在他喜歡的工作上面努力，現在也是個小主管了。

有人一退伍就跑去祕魯混一年。

有人……

我其實跟上述這些人沒有不一樣，甚至還比他們更加的渺小。只是這個社會對於「醫生」這個職位有著巨大的印象，大到我這個小人物能沾到「醫生」這兩個字的那麼一點點光，也能讓遠在二萬九千公里外的故事得以見人。我常問那些訪問過我的人：「如果今天只是一個便利商店的店員飛出去當志工，這件事情會被報導成這樣嗎？」每個人都是尷尬地搖搖頭。

「但我真的跟其他人沒有什麼兩樣。」攤手。

不過既然有了這個機會，故事就要好好說，小弟不才至少希望為我身邊這些好朋友們說出我們的夢想。我們的夢想就是，這個世界，是值得我們去作夢的。或許哪一天、哪一年，有個無名卒如我在三本九十九元的打折書堆中看到這行字的時候，能有一點點小感觸，這樣就夠了。

## 後記中的後記

華盛頓大學的圖書館裡，桌邊的咖啡和報告還真的是一刻都沒有停過。在流行病學和國際醫療論壇的夾殺之下，還要整理所有的文稿和影像檔。我想能放棄的，就是我的肝了。「微光」傳來的毛片裡，有著當初Team Taiwan走在阿雷基帕街頭的片段，和Brigitte談到我的時候，眼淚掉下來的樣子。「心都碎了。」我對Eddy說。半夜一個人的時候會很想念孩子，很想放棄這裡的辛苦然後回到祕魯去。說嘴歸說嘴，但鐵下心來一股氣也要把書念好，把事情做完。因為我們都很努力要讓明年六月的重逢變得更有意義。

「誰怕誰？我跟你拚了！」

最後要謝謝我的爸媽，不是他們的話，我大概沒有辦法義無反顧地飛往南美，也沒有辦法坐在西雅圖敲著鍵盤完成這本書。謝謝你們，我愛你們。

國家圖書館預行編目資料

本來是憤青：追尋內心的明日山城／
李尚儒著； 陳芸英撰文. --初版. --臺北市:寶瓶
文化, 2013. 12
面； 公分. --(Vision；112)
ISBN 978-986-5896-54-6 ( 平裝 )

1. 人生哲學 2. 通俗作品

191. 9 102024570

Vision 112

# 本來是憤青——追尋內心的明日山城

作者／李尚儒
撰文／陳芸英

發行人／張寶琴
社長兼總編輯／朱亞君
主編／張純玲・簡伊玲
編輯／丁慧瑋・賴逸娟
美術主編／林慧雯
校對／丁慧瑋・劉素芬・陳芸英・李尚儒
企劃副理／蘇靜玲
業務經理／李婉婷
財務主任／歐素琪　業務助理／林裕翔
出版者／寶瓶文化事業有限公司
地址／台北市110信義區基隆路一段180號8樓
電話／(02)27494988　傳真／(02)27495072
郵政劃撥／19446403　寶瓶文化事業有限公司
印刷廠／世和印製企業有限公司
總經銷／大和書報圖書股份有限公司　電話／(02)89902588
地址／台北縣五股工業區五工五路2號　傳真／(02)22997900
E-mail／aquarius@udngroup.com

法律顧問／理律法律事務所陳長文律師、蔣大中律師
如有破損或裝訂錯誤，請寄回本公司更換
著作完成日期／二〇一三年十月
初版一刷日期／二〇一三年十二月
初版二刷日期／二〇一三年十二月九日
ISBN／978-986-5896-54-6
定價／三三〇元

AQUARIUS 寶瓶文化事業

# 愛書人卡

感謝您熱心的為我們填寫，
對您的意見，我們會認真的加以參考，
希望寶瓶文化推出的每一本書，都能得到您的肯定與永遠的支持。

系列：Vision 112　書名：本來是憤青——追尋內心的明日山城

1. 姓名：＿＿＿＿＿＿＿＿　性別：□男　□女

2. 生日：＿＿＿年＿＿＿月＿＿＿日

3. 教育程度：□大學以上　□大學　□專科　□高中、高職　□高中職以下

4. 職業：＿＿＿＿＿＿＿＿

5. 聯絡地址：＿＿＿＿＿＿＿＿＿＿＿＿＿＿＿＿＿＿＿＿

   聯絡電話：＿＿＿＿＿＿＿＿　手機：＿＿＿＿＿＿＿＿

6. E-mail信箱：＿＿＿＿＿＿＿＿＿＿＿＿＿＿＿＿

   □同意　□不同意　免費獲得寶瓶文化叢書訊息

7. 購買日期：＿＿＿ 年 ＿＿＿ 月 ＿＿＿日

8. 您得知本書的管道：□報紙／雜誌　□電視／電台　□親友介紹　□逛書店　□網路
   □傳單／海報　□廣告　□其他

9. 您在哪裡買到本書：□書店，店名＿＿＿＿＿＿　□劃撥　□現場活動　□贈書
   □網路購書，網站名稱：＿＿＿＿＿＿＿　□其他＿＿＿＿＿＿

10. 對本書的建議：（請填代號　1. 滿意　2. 尚可　3. 再改進，請提供意見）

    內容：＿＿＿＿＿＿＿＿＿＿＿＿

    封面：＿＿＿＿＿＿＿＿＿＿＿＿

    編排：＿＿＿＿＿＿＿＿＿＿＿＿

    其他：＿＿＿＿＿＿＿＿＿＿＿＿

    綜合意見：＿＿＿＿＿＿＿＿＿＿＿＿＿＿＿＿＿＿＿＿＿＿＿＿

11. 希望我們未來出版哪一類的書籍：＿＿＿＿＿＿＿＿＿＿＿＿＿＿＿＿

讓文字與書寫的聲音大鳴大放

寶瓶文化事業有限公司

（請沿此虛線剪下）

| | |
|---|---|
| 廣 告 回 函 | |
| 北區郵政管理局登記 | |
| 證北台字15345號 | |
| 免貼郵票 | |

寶瓶文化事業有限公司　收

110台北市信義區基隆路一段180號8樓

8F,180 KEELUNG RD.,SEC.1,

TAIPEI.(110)TAIWAN R.O.C.

（請沿虛線對折後寄回，謝謝）